मेरी उड़ान देखना

कवि-लेखक
प्रेम भारद्वाज 'ज्ञान भिक्षु'

सम्पादक
प्रो. गीता सिंह

सह-सम्पादक
श्रीमती बीना खन्ना

डायमंड बुक्स
www.diamondbooks.in

प्रकाशक : डायमंड पॉकेट बुक्स (प्रा.) लि.
X-30 ओखला इंडस्ट्रियल एरिया, फेज-II
नई दिल्ली - 110020
फोन : 011- 40712200
ई-मेल : wecare@diamondbooks.in
वेबसाइट : www.diamondbooks.in
संस्करण : 2026

मुद्रक : रेप्रो (इंडिया)

MERI UDAAN DEKHNA

By *: Prem Bhardwaj 'Gyanbhikshu'*
Edited by - Geeta Singh
Co-editor - Smt. Veena Khanna

आभार

1. मन मीत कहां मिलता है यहां

2. दिल है काफिर

3. मेरा मौन बोलता है

4. मेरी उड़ान देखना

काव्य संग्रहों में अपने प्रथम गुरूजनों के साथ अपने माता -पिता (स्वर्गीय श्री मदनलाल भारद्वाज जी अपनी माता जी श्रीमती सुरेशी देवी को समर्पित करता हूं) मैं जो कुछ भी बन पाया उसमें अपने स्वर्गीय पिता जी और मेरी मां का जो हर क्षेत्र में आशीर्वाद,आशीष एवम् उनकी प्रकल्पित शुभकामनाएं है सब उन्हीं का परिणाम है,अतीत में जीवन सफर में अनगिनत प्रत्यक्ष अप्रत्यक्ष गुरु जनों से जितना भी निमित्त क्षमता मेरी थी ज्ञान प्राप्त हुआ उसी का ऐ परिणाम है के आज कुछ पुस्तकों के रूप में मैं अपने विचार, संस्कार,जीवन शोध,की परिभाषा अपने काव्यात्मक शैली से आम लोगों के लिए काव्य संग्रह के माध्यम से परिभाषित कर ग़ज़ल कविताओं के स्वरूप प्रस्तुत कर सका हूं।

कुछ अतिविशेष व्यक्तित्वों का जिक्र कई रूप में विगत वर्षों की साहित्यिक और सामाजिक यात्रा के बाद करना स्वाभाविक और उचित लगता है कि मैं उन्हें तह दिल से कई वजहों से आभार व्यक्त करूं, यद्यपि उनका प्रत्यक्ष अप्रत्यक्ष रूप से कविता ग़ज़ल और साहित्य से चाहे सम्बन्ध ना भी रहा हो, परन्तु निम्न लिखित नाम मेरे जीवन बहुत वजहों से प्रेरणास्रोत,कटू समालोचक,प्रेरक, भावनात्मक शक्ति के प्रतीक, यदाकदा अवसरों में काव्य प्रेरणा,जीवन के स्वरूप में सहयोगी, प्रोत्साहन करने वाले,सही और ग़लत का आभास दिलाने वाले, मुझे यकीन दिलाने वाले की मुझमें एक कवि ,लेखक,एक रचनाकार है, मुझे सुन मेरे काव्य को रचनात्मक संरचना को सम्पूर्ण करने वाले, विभिन्न रूपों में मेरे आज के साहित्यिक व्यक्तित्व में असंख्य लोगों की स्वत सहभागिता बनी रही है जिनमें

प्रोफेसर गीता सिंह (डायरेक्टर ugc)सर्व श्री प्रख्यात लेखक,(आई ए एस)बी वी शाल्वराज (कवि एवम लेखक हआई-रम-चैरी) श्रीमती शैल जैन (कवित्री एवम् माननीय न्यायाधीश)प्रो जे एल कौल (पूर्व कुलपति गढ़वाल विश्वविद्यालय)प्रो राजेश मोहन (पूर्व प्राचार्य ए आर एस डी कालेज)डां संदीप वोहरा(मनोचिकित्सक अपोलो अस्पताल दिल्ली) श्रीमती बीना खन्ना (प्रख्यात सम्पादक एवम् शिक्षाविद)श्रीअविनाश पुष्करणा(लेखक, जी एस टी कमिश्नर)डां हरीश नवल,(वरिष्ठ साहित्यकार) मित्र मेरे समधी श्री इन्दरजीत शर्मा (समाजसेवी,न्यूयार्क अमेरिका) श्री शिवा सुब्रमण्यम,श्री बलदेव मुंजाल,(साहित्य प्रेमी)श्री हरनाम सिंह (समाजसेवी, साहित्य प्रेमी)श्री राजीव माथुर (साहित्य प्रेमी)श्री चन्दरबल्लभ नौगाई,(साहित्य प्रेमी)श्री सुरेन्द्र भारद्वाज,श्रीमती कमला भारद्वाज,श्री गौरव भारद्वाज, श्रीमती सतेश्वरी देवराडा,श्रीमती अस्वथी भारद्वाज,श्रीमती धनेश्वरी देवरानी, श्रीमती माहेश्वरी नौगाई ,श्री तरूण शर्मा (अमेरिका) श्रीमती रीतू शर्मा भारद्वाज (अमेरिका) श्री सौरभ भारद्वाज, सुश्री रूपल भारद्वाज अनन्त संख्या में जीवन में काव्य जगत में सर्जन करते समय वजह और प्रेरणा या कई रूपों में मार्गदर्शन करते रहे हैं !

मैं सभी उपरोक्त और जो उपरोक्त लिखित नाम नहीं भी है जो जीवन सफर में हर मोड़ पे कुछ नई कविताएं ग़ज़ल लिखने को प्रेरित कर गए हैं मैं सभी हमसफ़रों का तह दिल से आभारी हूं उत्साह, प्रोत्साहन,व्यंग, तरंग, विवेचना, आलोचना, तर्क़ वितर्कों की वाणी,जीवन के सहज योग प्रयोग,विषम और सम प्रस्तिथियो में जीवन के राग, सहयोग असहयोग का अलिखित ज्ञान,पीड़ा और खुशियों में अपनों और परायो की उल्लेखनीय भूमिका,जीवन के विभिन्न रागों के सूत्रधार बने यक्ष लोग,जाने अंजाने किरदारों का जीवन में प्रभावी भूमिका, अन्तर्मन में रम चुके विभिन्न धटना और दृश्यों के साथ लोग व्यवहार की अनुभूतियों का असर,से निकली है ग़ज़ल और कविताएं, उम्मीद है आप को पुस्तकों से कुछ जीवन के सूत्र प्राप्त होंगे, सभी अभिभूतियो का सदा आभारी रहूंगा उनके मार्गदर्शन के लिए धन्यवाद।

सम्पादकीय और भूमिका

आधुनिक दौर के गज़लगो, कविता कारों में प्रेम भारद्वाज ज्ञान भिक्षु की पहचान देश ही नहीं विदेशी मंचों से भी प्रखर हो है,भूमिका में कुछ कहूं उससे पहले प्रेम भारद्वाज ज्ञान भिक्षु जी को साहित्य जगत में विशेष और विशिष्ट स्थान प्राप्त हुआ है,आपको जानकर बहुत खुशी होगी के मैटस विश्वविद्यालय रायपुर छत्तीसगढ़ के हिन्दी विभाग ने श्री प्रेम भारद्वाज 'ज्ञान भिक्षु 'के अभी तक के लिखे साहित्य पर शोध P hd कोर्स करवाने का निर्णय लिया है,जो इस बात का द्योतक है की कविताएं और ग़ज़ल का ए सफर अपनी उच्चाइयों को ना केवल छू रहा है अपितु लिखी ग़ज़लों पर PhD कोर्स होना प्रमाण है कि काव्य में लिखा साहित्य प्रेरित कर रहा है जिसका प्रचार प्रचार जिज्ञासुओं द्वारा उच्च शिक्षा में उपलब्धि और उपाधि में वर्णित होना एक साहित्यकार के लिए उच्चतम मानक होता है तो, मैं सभी पुस्तकों के सम्पादकीय काम में संलग्न रही हूं साहित्यिक यात्रा में इस उच्चतम शिखर के लिए कवि श्री प्रेम भारद्वाज ज्ञान भिक्षु जी को हार्दिक बधाई शुभकामनाए देती हूं।

नई चारों पुस्तकें

1. मेरा मौन बोलता है

2. मेरी उड़ान देखना

3. मन मीत कहां मिलता है यहां

4. दिल है काफ़िर

में आप देखेंगे श्री प्रेम भारद्वाज ज्ञान भिक्षु जी की पुर्व में आई कविताओं और ग़ज़लों से एक लम्बी छलांग लगाई है जिसमें बहर में सदे मिश्रो के साथ मतले के शेर हो या रदिफ और क़ाफिया में बन्धी मुक्कमल ग़ज़ल के मिजाज हो उच्च स्तर के बन पड़े हैं,कुछ ग़ज़लें तो जल्द आप देखेंगे कि गाने वालो की जुबां पे थिरकती धुनों पर आप सुनेंगे, कलेवर और फ्लेवर दोनों चारों पुस्तकों में बेहतर प्रयोग और ग़ज़ल की सहजता और

जटिलता का समागम है, लेखन काव्य शैली चर्मोत्कर्ष पे पहुंच चूकी है,व्यंग,समाज की पीड़ा, कुरीतियों का विरोध, स्त्री विमर्श, राजनीति पे तंज,आईना दिखाती रचनाएं, कालजयी सुखन की खनक, मौलिकता की प्रखर ध्वनि, सांकेतिक भाषा प्रौद्योगिकी की मिसाल बनी रचनाएं,बेबाकी की बानगी, सम्बन्धो,की काव्यात्मक अभिव्यक्ति, सामायिक विषयों पर सटीक टिप्पणी,रोचक काव्यात्मक व्यंजन नई शैली का अनुपादन, उच्च काव्य के प्ररिकल्पना को साकार करता काव्यात्मक ग़ज़ल और काव्य संग्रहों की चार पुस्तकों का संकलन करना और सम्पादन के दौर हर पंगतियो को महसूस करना किसी जीवन गाथा जीवन शैली को अनुभव करने जैसा था,आप पाएंगे चारों पुस्तकें अलग अलग शीर्षकों के बाबजूद किसी व्यथा कथा और जीवन की सतही सच्चाई से मुखर होती किसी निरन्तर बहती नदी सा हर शब्द पंगती में कुछ जाती है।

जीवन के लगभग सभी पहलू को छू रही गजल और कविताएं मौलिक के साथ बहुत सार्थक भाव छोड़ने में कामयाब हुई है वो अलग बात है कि कुछ कविताएं कथन से प्यास भी बढ़ा देती है की आखिर एक जिन्दगी कैसी है क्या है हम, क्यूं ऐसा है,पर शायद ऐ कवि की शैली है पाठक आगे कुछ और कल्पना करता है की और क्या विशेष शैली में हो सकता है, शीर्षक आकर्षक ही नहीं अर्थ पूर्ण और रोचक है चारों पुस्तकें 1 मेरा मौन बोलता है 2 मैरी उड़ान देखना 3 मन मीत कहां मिलता है यहां 4 दिल है काफ़िर के साथ भविष्य में अन्य आने वाली सभी पुस्तकों के लिए शुभकामनाएं तथा बधाईयां देती हूं।

प्रो गीता सिंह

(यूं.जी.सी.) (बी.पी.एस.एम.बी.)

दर्द कीमती हैं बचाने होंगे,
फिर नये रोज फसाने होंगे,
आज शादाबियों के मौसम हैं
कल कहाँ अपने ठिकाने होंगे,
खुशियां खर्च सारी नही करना,
ग़म के भी अपने बहाने होंगे,
जिसपे एक ऊंगली को उठाओगे,
कल तुम पे ही सारे निशाने होंगे,
फर्ज की चाशनी में उबलोगे तो,
फिर, कर्ज सारे ही चुकाने होंगे,
आदर्श जहर है, या, दवा है कोई,
'प्रेम' मिटके भी फर्ज निभाने होंगे,

ये दुनिया बदल रही है रोज,
तू महफिल में कहाँ है खोज,
चल इस दुनिया के साथ-साथ,
पीछे रह कर मत बन बोझ,
नवरस नवरंग से चलता जीवन,
बना रख भरम, चेहरे का ओज,
वाणी है रच नये राग-अनुराग,
आवाज बन क्यू बैठा है खामोश,
अपाहिज पर तो सब राज करेंगे,
सही-गलत पर तय कर आक्रोश,
जागरूक से बस डरती है दुनिया,
'प्रेम' अन्धों में करते है काणे मौज,

जिन्दगी तेरे सवाल जवाब कितने पेचीदा हैं,
इंसान कशमकश में, बेचैन, बदहाल रंजीदा है,
सुर्खियां ना जाने कहाँ गुम हो गई हैं आजकल,
शादाबियां सहम गई हैं अब किधर पोशिदा हैं,
'प्रेम' मुखौटे पहन के मिलते है राजदार यहां हर सू
है कौन यहां मुख़लिस, कौन यहां पर संजिदा है,
आंखों का पानी सुखा चुके की किसने आंखे नम,
कौन करता है लिहाज, किसको आबरूए-दिदा है,

रंजीदा ....दुखी
पोशीदा ,....छिप गई
मुख् लिस..निस्वार्थ
संजिदा ...गम्भीर
आबरूए-दिदा-_...आंख कि आबरू, शर्म

कभी साहिलों से पूछ ले मेरा नाम जिन्दगी,
पत्थर ने पत्थर पे लिखा है मेरा नाम जिन्दगी,
सजदे में तेरे ही रहता है मेरा रकीब भी वहां,
जिस जगह मुझे तुझसे पड़ता है काम जिंदगी,
सुना है बड़ी कीमत चुका के मिलती जिंदगी तू,
अपनी बिकती है हर धड़ी यहां बे-दाम जिंदगी,
सभी किरदार निभा कर भी मुझे शिकवा नहीं,
अब और क्या, कितना करूं मैं आराम जिंदगी,
मुझे फिक्र, ना शिकवा, ना किसी से शिकायत हो,
'प्रेम' कर दे मेरा भी कोई ऐसा इन्तेज़ाम जिन्दगी,
मुक्तसर सा सफर बचा है कोई इबादत करूं तेरी,
बस रब तेरी में छांवो कटे सुबहो-शाम जिन्दगी,

दिल कितने बैठ जाएँगे तुम्हारे बज्म आने पर,
दिल कितने टूट जाएँगे तुम्हारे मुस्कुराने पर,
जिरह होती थी कभी मुसलसल नामुरादी की,
कौन तनक़ीद करता है आज ऐसे फसाने पर,
कफ़स में रहने वालों तुम कभी ना आजाद होंगे,
वहसत रास आने लगी है तुम्हें रोने-रूलाने पर,
कारवां लुट के होश आए तो आए 'प्रेम' क्या मालूम,
अपनी गरां-ख्वाबी नहीं छोड़ी तुमने मेरे जगाने पर,
हकुमत से हददारी के लिए लड़ना जायज होता है,
कुछ कीमत अदा करनी पड़ती है बुत को मनाने पर,
शहाद्दत देनी पड़ती है किसी पीड़ी को तभी जाकर,
सूरत बदलती हैं, वक्त लगता कोई मुरत सजाने पर,

करते रहते हैं, हर हाल गुजारा यूं तो,
कहने को सारा जहां है हमारा यूं तो,
वक्त अपनों की पहचान बता देता है,
अकेला किससे करेगा किनारा यूं तो,
मतलबी रिश्तों की हम को आदत है,
बेमतलब मिले, कोई नहीं गंवारा यूं तो,
वही कांटों का शबब, चुभने की वजह,
अपने हाथों से जिसको संवारा यूं तो,
अपने हाथ गवां दिए जिसे बचाते हुए,
उसी ने चलती कश्ती से उतारा यूं तो,
नेकी के बदले में नेकी कहाँ मांगी तूने,
'प्रेम' कसूर तेरा ही है इसमे तुम्हारा यूं तो,

दिल में ग़म हों, उसपे मुस्कुराने का अपना मजा है,
तन्हाई में उसके याद रह जाने का, अपना मजा है,
जो समझते थे हम, नाकामयाब ही रहेगे हरगिज,
उनके आगे हर लम्हे सर उठाने का अपना मजा है
शोहरत कमा लेने से नहीं मिलती ऐ इक तपस्या है
बुलन्दी के दौर में सर झूकाने का अपना मजा है,
जंमी पे हूँ या आसमां पे आके जमी छूट गई होगी
'प्रेम' खुद को खुद से आजमाने का अपना मजा है,
क्या हुआ जो वो बेवफाई करके बहुत खुश है तो,
ख़त उसके महफिल में जलाने का अपना मजा है,

मैं किस्सा हूँ मगर कोई कहानी नहीं हूँ,
पढ़ना पड़ेगा मुझको, मैं जुबानी नहीं हूँ,
ठहरे पानी में क्या, उबालोगे अब तुम,
एक दरिया था कभी, अब रवानी नहीं हूँ,
सांस चलने को नहीं कहते है जीना,
बहता रहे आंखों का वो पानी नहीं हूँ,
किरदार में शामिल है जो, वो मैं नहीं हूँ,
वक्त मेरा सही, मैं वक्त का सानी नहीं हूँ,
मयार है मेरा मैं, खुद को पहचानता हूँ,
वकार रखता हूँ, वक्त की निशानी नहीं हूँ,
मुझको पा जाओगे इतना आसान है क्या,
मैं दौलत, कोई शोहरत आनी जानी नहीं हूँ,
सल्तनत समझ, रखना दुनिया से बचाकर,
अना हूँ, इज्जत हूँ, मुहब्बत बेगानी नहीं हूँ,

वक्त हर वक्त चलता रहे तो अच्छा है,
वक्त हर वक्त बदलता रहे तो अच्छा है,
अपनी परछाईयों का भी ख्याल रखिये,
शाम ढलने पे निखरता रहे तो अच्छा है,
वक्त किसी का सगा नहीं होता लेकिन,
दीया तूफान में भी जलता रहे तो अच्छा है,
रात होती है हर सुबह के बाद यक़ीनन,
सूरज भी रोज निकलता रहे तो अच्छा है,
खुदगर्जी से बर्फ जम रही है दिल के रिश्तों में,
'प्रेम' निस्बतों से दिल पिघलता रहे तो अच्छा है

रहिशी ख्वाब भी लाजबाव थे, मुश्किलों से मिले,
हकीकत में जब मिले भी तो मुफलिसों से मिले,
मुंन्सिफ ऐ कह गया के, तू ही कातिल है खुद का,
हम हर रोज, हर बज्म में अपने कातिलों से मिले,
नदी का क्या है, किसी रोज थम भी जाए शायद,
सदियां गुजर चुकी है मुझे अपने साहिलों से मिले,
हर मुसाफिर है सफर में, यूंही चलते रहना चाहिए,
'प्रेम' जरूरी नहीं है सभी अपनी मंजिलों से मिले,
मिल रहे सब यहां फक़त रश्मे अदाकारी के लिए,
मिलना रवायत जरूरी थी तो, सच्चे दिलों से मिले

रोऐगा कौन यहां दिले-जार के लिए,
आंसू गिराए कौन किसी नादार के लिए,
आंसूओं की भी कीमत होती है दोस्तों,
गिरते भी है तो किसी जरदार के लिए,
मयखाना तरशेगा देखना मुझको निकाल के,
साकी तू दुआ करेगा ऐसे मयख्वार के लिए,
बेवफाई कर के नज्म में नजाकत जो आ गई,
ग़म तो सम्भालने पड़ते हैं ग़मख्वार के लिए,
गर्दन कट गई पर खम नहीं जाने दिया सर से,
'प्रेम' कुछ तो चुकाना पड़ता है पिंदार के लिए,

दिले- जार....बेहाल दिल,बीमार दिल
नादार......कंगाल, निर्धन
जरदार.....धनवान, अमीर
पिंदार .... स्वाभिमान

खल रहा है जमाने को, मेरा घर होना,
क्या गलत लाखों में, भी मुक्तसर होना,
रहबरों के साथ क्या मिल गया मुझको,
क्या गलत है राहजनों का हमसफर होना,
दर्द की दवा भी वारे-मरहम सी लगती है,
रकीब का मर्ज में तस्कीने-चारागर होना,
रोज की ठोकरों का दर्द महसूस होता है,
जख्मों के बाद अच्छा है पुख़्तातर होना,
है मजा जब कोई आपका दीवाना हो जाए,
'प्रेम' खामखां क्यूँ किसी आदमी के सर होना,
हर किसी को ना समझाकर एक ही दर्जे का,
वाकर को पहचान, बन साहिबे-नज़र होना,

वारे मरहम. ...मरहम का बोझ
तस्कीने-चारागर... चिकित्सा की तसल्ली
पुख्तातर......परिपक्व, दृढ़
साहिबे नज़र ......दृष्टिवान, पारखी,

सियासत है वो नफ़रतों का कारोबार करे है,
तुम क्यूँ खामखां दिलों में अपने दीवार करे है,
मन्दिर में मस्जिदों अगर रहता है परवरदिगार,
इंसान ही इंसान से क्यूँ इतना तकरार करे है,
'प्रेम' तेरे नाम से सब चल रहा है मुहब्बत खाना,
तनक़ीद तेरी ही क्यूँ हर जुर्अते फ़नकार करे है,
हिन्दू भी पाक साफ है, मुसलमां भी पाक साफ,
ए-खौफे दहशत फिर कौन-सा किरदार करे है,
सुलझे हुए शहरी से ऐ गुजारिश है हमारी यारों,
पहचानों ऐ भाई चारे को कौन तार-तार करे है,
नख़्वत की सियासत से अपने दामन को बचाए,
ऐ इज़हारे-नदामत जो अब सरे-आम करे है,

तनक़ीद.......आलोचना
जुर्अते-फ़नकार....कलाकार का साहस
नख़्वत की सियासत . .नफरत की राजनीति
इज़हारे-नदामत.. .ग्लानि की अभिव्यक्ति

तूझको तेरे सिवा और क्या नाम दूं,
तू नशा ही नशा तूझको क्या जाम दूं
वक्त की दोपहरी में घूप लगती तो है,
शाम हो जाए तो, श्याम का नाम लूं,
इक खलिश अब भी बाकी है दिल में,
'प्रेम' कहे तो रब के आगे तेरा नाम लूं,
मैं क्या जानूं जमाने में हैं कितने खुदा,
सहर-ओ-शाम मैं बस तेरा नाम लूं,
है कोई जो फूलों को रंग कर जाता है,
कौन है वो, उसको मैं क्या नाम दूं,

फिर से सुबह होगी तो नई बात करेंगे,
बिछुड़ तो ले, फिर से मुलाकात करेंगे,
रेत के घर कहाँ टिकते है बारिशों में,
पत्थरों के घर होंगे, तो बरसात करेंगें,
तुम से अच्छे थे, मेरे रकीब छोड़ गए है,
हम साथ जिए ना ही, कभी साथ मरेगैं,
पल भर ए-जिंदगी मुहलत दै तो क्या,
रौशन तुझै ए-जिन्दगी दिन रात करेगै,

अपनी कफ़स मे भी महफूज़ नही हूँ मैं तो,
उसके ज़द में हूँ बहुत कहीं दूर नहीं हूँ मैं तो,
मुंन्सिफ वही है मुजरिम से क्या पूछ रहे हो,
गिरफ्त हूँ बदल जाऊं तकदीर नहीं हूँ मैं तो,
मुसलसल दिल की अदालत में पेश होता हूँ,
प्रेम'कोई गुनाहगार, कोई कसूर नही हूँ मैं तो,
फितरतन फिर से उलझ जाऊंगा मैं देखना,
म्यान में रखी हुई कोई शमसीर नहीं हूँ मैं तो,
कमज़र्फ मुहसिनों के सताने से कौन डरता है,
अना फ़ना हो जाए ऐसा मगरूर नहीं हूँ मै तो,
देख के गुल को गुलिस्ता में दिल में कुछ ना हो,
अब इस दर्जा पाक साफ बेकसूर नहीं हूँ मैं तो,

फ़कत इस दुनिया की बातों में ना आना चाहिए,
हर कसौटी पे खुद, ही खुद को आजमाना चाहिए,
वक्त हर शै से मिलने का मजा कुछ और ही है,
वक्त को समझने लिए भी इक जमाना चाहिए,
मुक्तसर सी जिंदगी के लाख अफसाने यहां पे,
दो धड़ी खुद के भी, कभी काम आना चाहिए,
बन्द मुट्ठी रखने वालों के, सभी दीवाने है यहां,
चारागरों को मर्ज जख्मों का नहीं बताना चाहिए,
'प्रेम' हस्तियां बनती है मिटने के लिए हर दौर में,
बुलन्दियों के दौर में खुद को झूकाना चाहिए,
नफरतों के बुत कभी-कही-नहीं पूजे जाते हैं,
प्यार वो बुत है जिसे सबको बनाना चाहिए,

मिल गया है दर्द को करार मौला,
अब शुकूं का है इन्तजार मौला,
इक खलबली हरसूं मचा रखी है,
है किसके हाथ में, इक्तिदार मौला,
शख्तजां हुक्म क्यूँ, दरिया दिल बन,
है तेरे ही कूचे, है तेरा दियार मौला,
दुरुस्त हमको ही करने सभी मसहले,
रकीब को रास आएंगे इन्तिशाह मौला,
कोई बसीयत, कोई नसीयत ले जाएगा,
यहांअमानतों के है सब पासदार मौला,
तेरे रहते है जलवे, हमदर्द और हमसाये,
तेरे बाद कोई नहीं है अश्कबार मौला,

इक्तिदार....शासन.
दियार... देश, मुल्क
इश्तिहार ....बिखराव, अव्यवस्था
पासदार. ..निरीक्षक, पृष्ठ पोषक
अश्कबार ... आंसू बहाने वाला

जिन्दगी काम करता हूँ तूझको बताकर कितने,
फिर भी जख्म रखे है, तुझसे छुपाकर कितने,
फूल का घर ही बनाने का इरादा था मेरा यूं तो,
दफन करने पडे है, दीवारों, में भी पत्थर कितने,
कितने पर्दों में छुपाने की कवायद की थी उसको,
खुश्बू ने खूद किए किस्से अपने उजागर कितने,
चेहरे पे खुशी मुस्कान लिए फिरना पड़ता है'प्रेम'
रोज सोता हूँ रात में, दर्द पहलू में दबाकर कितने,
किसे परवाह है कल कैसे वक्त से गुजरना होगा,
फेंक देती है हर बला शै को वक्त उठाकर कितने,
जाने वाले को कहाँ पता है, के कब चले जाना है, ए जरा
सोच जाएगा तू लोगों को हंसाकर कितने,

हो जाए बडा नाम कोई ऐसा काम तो करो,
नाम ही काफी, हो कोई ऐसा काम तो करो,
जन्नत कही नहीं है, कायनात भी कुछ नहीं,
अपने गुजर बसर के लिए इन्तजाम तो करो,
मिला है जो उसे गनीमत समझ, शुक्रराना कर,
उस परवरदिगार का कभी एहतिराम तो करो,
पल में गुजर जाएगा यहां मजंर जो आज है,
'प्रेम' वक्त की धारा में अपना कोई नाम तो करो,

जब से हमने अपनी जिन्दगी सम्भाली है,
दुनिया पशेमानी में है, हर शख्स सवाली है,
हम समझे थे हकीकत मे है ऐ रंगीन सपने,
किसे मालूम था, हर शै यहां बस ख्याली है,
चल रहे सिक्के जो उनकी टकसाल से मिले,
तब पता चला, चलने वाला हर नोट जाली है,
दिख रहा है जो भरा-पूरा जमाने के चश्मे में,
गौर फरमा कर जो देखा उसका हाथ खाली है,
सब अन्धेरे मिल गये हैं, गठबन्धन निराला है,
प्रेम'शम्ए-ईमां की मैंने कितनी लौ जला ली है,
चलो इतना तो अच्छा, अन्धेरों से सिख आया हूँ,
उजालों के बिना चलना, नई इक राह पालि है,

उसका मिलना और बिछुड़ जाना,
इक बहाना था और एक अफसाना,
हसरतों क्या आती-जाती है दिल में,
जूर्म ए है, उसका दिल में ठहर जाना,
करवटें हम बदल लेते लेकिन, फिर,
चलते सपने का क्या, बिखर जाना,
मुद्दतों बाद याद आई उसकी लेकिन,
उसे कहना क्या था, ए भूल जाना,
अब फक़त जिंदगी को जीते है बस,
जैसे सूल संग फूल का निखर जाना,
'प्रेम' उसके मर्ज को तुम क्या समझोगे,
जिस्त कहती हो जिसको दीवाना,

मैं रहूँ सफर में तो फिर मंजिलों का क्या होगा,
नदी में घर बना लू तो साहिलों का क्या होगा,
नज़र में रख मुझे, नजर से काम चला अपना,
मेरी नज्म और बज्म के दिलों का क्या होगा,
मोहसिन भी जुर्मे तबाही की फेहरिस्त में हो तो,
मुंसिफ की अदालत में कातिलों का क्या होगा,
खुदगर्ज तुम अपने कत्ल में शरिक हो तो फिर,
'प्रेम' नाशुक्रे नादान उन जाहिलों का क्या होगा,
दिलों में राज करके कौन पहचानेगा तुझे 'प्रेम'
अदावत, बिन इस्तिहारे महफिलों का क्या होगा,

अब समन्दर से बात क्या करनी,
अब खिजाओं में रात क्या करनी,
वक्त की बात वक्त ही जाने यहां,
अब बेजुबानों से बात क्या करनी,
सरकसी जिन्दगी सिखा देगी हमें,
खण्हर मकानों से बात क्या करनी,
मेहमां बनकर के घर को लुट लिया,
अब निगेबानों से बात क्या करनी,
मोहसिन बनके दिल में आए, रुठे है,
इस दर्जा दीवानों से बात क्या करनी,
वज्म में आके भी खामोश रहके चले,
'प्रेम' उनसे विरानों में बात क्या करनी,

मैं उसे अब भी याद करता हूँ,
वो सिकंदर, मैं कहाँ फरियाद करता हूँ,
वक्त की बात है, खुदा हो जाना,
फर्ज है मेरा, मैं बस्तियां आबाद करता हूँ,
मत बदल वक्त की तरह तू भी,
दौड में हर किसी को चलना है,
लोग मुझको भी जानते है यहां,
मैं फकत, बस तेरी बात करता हूँ,
आईना भी देखना जरूरी है यहां,
सज कर निकलना जरूरी है यहां,
सूरते देख कर पिधते है लोग यहां,
मैं आईने के साथ-साथ चलता हूँ,
गर्दिशी की बात कुछ और ही थी,
बिछी हुई बिसात कुछ और ही थी,
है शिकायत ऐ ही जमाने को मुझसे,
शतरंज में मैं हर शै को मात करता हूँ,

जिन्दगी हसरतों की एक लम्बी कहानी है,
है किसी की भी नहीं, फिर भी जवानी है,
पानी मिला दो जिसमे वो भी उसका हो जाए,
कोई आसमां से इश्क़ है तो रंग आसमानी है,
निस्बतों का क्या, कहाँ किससे हो जाए 'प्रेम'
उल्फतों की ही तो सारी दुनिया निशानी है,
कुदरत को गौर से देखो तो क्या नहीं है इसमे,
बिखरे हरसूं गुच्छ दस्तों के कितने रंग धानी है,
आनी जानी जिंदगी ऐ भी सब जानते है फिर,
ना जाने किसके लिए ऐ सारी दुनिया दीवानी है,

सलबटें छुपती कहाँ है उमर से,
लाख कोशिश कर नजर आ जाएगी,
आईना भी साथ कब देता फिर,
झुर्रियां महबूब है चेहरे पे छा जाएगी,
किससे छुपाता है अक्स ऐ,
परछाईयां भी ढलती हुई सी धूप है,
ऐ सदा कब, किसके साथ रहती है,
रोज रंग बदलना जिंदगी का रूप है,
हर छवि में जिंदगी मदहोश थी,
कभी चहचहती तो कभी खामोश थी,
चाहतों का पीछा करके थक गई,
याद है कभी उन्मुक्त कैसे जोश थि,
ऐ कहाँ ले आई है तू जिंदगी,
अपनी है ना पराई तू जिंदगी,
रिश्तों में मतलब के कच्चे धागे,
प्यार के मतलब बदलने वाले आगे,
खंगाल कर कोई यकिन दिखता नहीं,
अपनो में कोई अपना दिखता नहीं,
सियासत से ज्यादा रिश्ते डराते है,
लोग मिलने बुरे सपनों से आते है,
मत लिखा कर 'प्रेम' सच्ची बात तू,
नागवारा है, मत किया कर अच्छी बात तू,
अब फकत हां में हां मिलाना हो तो ठीक,
सवाल करना, मत कर गुनाह कि बात तू,

वक्त का यहां इंतजार क्या कीजै,
वक्त पे हर काम कर लिया कीजै,
वक्त यहां कब किसी का होता है,
हर वक्त अपनी मौज में रहा कीजै,
दो धड़ी भर के सब फसाने है यहां,
खामखां इनपे ज्यादा नाज ना कीजै,
बहार भी आनी जानी इनायत होती है,
'प्रेम' आयी है तो जाने भी दिया कीजै,
वक्त के हाथ ठोकरें भी मिल जाए तो,
ऐ दर्द अच्छे होते है सह लिया कीजै,

जीवन पथ पर हर रंग मिला फिर भी,
तृष्णा की चासणी से रंग भरा फिर भी,
शाम दढ़ हर जतन से जोड़ लिए सामां,
मन, उद्ण, चंचल फिरता रहा फिर भी,
हर बरस जलाई मैं होली राग द्वेषों की,
क्यूँ मन का मैल रहा मन छुपा फिर भी,
गए कितने बसंत, गए कितने चौमासे,
मन अन्तर्मन में कहाँ फूल खिला फिर भी,
मन राधा, तन कान्हा, बन मधूबन में रहा,
जिज्ञासाओं कै भवसागर में धूम रहा फिर भी,

याद आए उसके किस्से जमाने के बाद,
राफ्ते मे क्या बचा उसे आजमाने के बाद,
मेरी हर शिकस्त मे वो भी था शामिल कही,
यूं तो आज जीता हूँ मैं, उसे हार जाने के बाद,
मुक्कमल हर ग़म दे के गया है वो मोहसिन मेरा,
कहाँ कोई चाहत रही फिर उसको पाने के बाद,
अक्ल की शक्ल देखी पर बहुत देर कर दी 'प्रेम,
अब होश मे आए भी तो सब कुछ लुटाने के बाद,
ख्याल आया की हमदर्दी के पीछे कोई वजह थी,
कैसे कोई लुटता है कोई अपना बनाने के बाद,
हर रिश्ते की शक्ल में कोई मकशद छुपा है क्या,
समझ आएगी आपको वो रिश्ता निभाने के बाद,

इन उल्फतों की गजब कहानी होती हैं,
कुछ कही जाए, कुछ छुपानी होती है,
समंदर से मिलकर ऐ समझ आता है,
नदी दरिया पल भर की जवानी होती है,
जमीन जायदाद वसीहत मे मत बटिए,
पुरखो की अनमोल निशानी होती है,
चलते रहिए, जिन्दगी इक सफर ही है,
जिंदगी बहते दरिया की रवानी होती है,
मां-बाप ही खुदा के रूप में घरती में मिले,
उनकी हर सीख धरोहर निशानी होती है,
मत भूलो के हर शख्स की हस्ती क्षणिक है,
हर शै की हैसियत हर हाल फानी होती है,

जब्र जब बढ़ने लग गया तो सरकशी करनी पड़ी,
खुदारियां लगी जब दांव पे खुदकुशी करनी पड़ी,
मकशद ही जब अंजाम तक नहीं पहुंचा सके हम,
शहिदी पसंद है खातिर अना के मुखबरी करनी पड़ी
मुजरिम को जिस अदालत में पेश करने लाए हम,
'प्रेम' मुन्सिफ के आगे उसकी हमें पैरवी करनी पड़ी,
जिन अंधेरों से कभी हमने बगावत फरमान की थी,
बदले हुए हालात में उनकी राहों में रोशनी करनी पड़ी,
दुश्मने-करार भी वक्त के साथ पेश आए इस कदर,
ना चाहकर भी रकीबों से ही हमें दोस्ती करनी पड़ी,

जब्र ....अत्याचार
सरकशी.......विद्रोह, अवज्ञा

वक्त, अपने साथ चलना है तो चल,
मुझ से आगे निकलना है तो निकल,
मैं अपनी शर्तों के साथ चलना चाहूँगा,
फितरत तेरी है, तू बदलता है तो बदल,
ग़म और खुशी दोनों से मिल 'मैं' मौन हूँ,
ऐ तेरी मरजी तू सिमट, जा या तू उछल,
रात की आदत है गहरे काले साए में रहे,
दीया हूँ आद्दतन सहर होने तक तो जल,
महफिल में नाचने गाने के अपने दस्तूर है,
तू मेरा अरमान है चाहे जब तक हो मचल,
गर्दिशों का दौर आया है, चला भी जाएगा,
शादाबियां आएगी तू वक्त के सांचे में ढल,

फर्क इसान की फितरत में ना होने पाए,
चेहरे तो वक्त बदल देगा क्या कर लोगे,
हसरतों पे जरा काबू रखिए, बढ़ती जाए,
सारी दुनिया भी पा लोगे, क्या कर लोगे,
किसी के कहने से कौन, यहां ठहरता है,
दौर आपका आ भी जाए क्या कर लोगे,
चन्द लम्हों के किस्सों की कहानी जीवन,
'प्रेम' तुम नए गीत सुना कर क्या कर लोगे,
सहर आने तक रात खा चुकी होगी सपने,
उम्मीदों के दीए जला कर क्या कर लोगे,

दिल कतरा-कतरा तेरा दीवाना है,
धडकने तो, जिन्दा हूँ ऐं बताना है,
खबर है तू शहर में आया है अभी,
माहौल शहर में आज आशिकाना है,
जरा सी देर को रूखसार खोल देना,
गुलों को आज सुगंध से मिलाना है,
तू आस-पास ही रूह बन के रहा मेरे,
निश्वतों को आज आईना दिखाना है,
फ़लसफ़ा है जिन्दगी मगर फिर भी,
यँकी, हौसलों को आज आजमाना है
आज है जिन्दगी, कल तो कौन जाने,
किसका यहां कब तलक ठिकाना है,

वो मेरे जैसा, मैं उससा नहीं हूँ
वो खुदा सा, मैं तुमसा नहीं हूँ
रहता हूँ सभी महफिल हरसूँ
लेकिन कहीं, मैं दिखता नहीं हूँ
साये के साये में नहीं रह सकता
धूप हूँ, छाँव को मिलता नहीं हूँ
रेत की मानिंद पानी में रहा हूँ
फूल हूँ सहराँ में खिलता नहीं हूँ
लौ जला कर जल चुका हूँ मैं भी
जुगनुओं सा रात में जलता नहीं हूँ
टूट जाए जो किसी तारे की मानिंद
ख्वाब सा दिल में यूहीं पलता नहीं हूँ

ऱफू कर रहा हूँ पाक रिश्तों को, फट गए हैं,
हम से, हम, मैं-तुम, जमातों में, बँट गए हैं,
हमसाऐ, हम-जाए, कितने रँगो का गुललिस्ताँ
मुहब्बतों के रिश्ते अब मजहबों में बँट गए हैं,
वो यही चाहता है, आपस में लड़े मरे हम,
उसकी नापाक चाल में, भाई चारे फँस गए हैं,
मजहबी रँगो से ना खेलो सियासत की होली,
रकीब खुश, हम उसके कीचड़ में धँस गए हैं
अँग्रेज ने बाँटा देश फूट आपस में डाल करके,
उसी दाने को डाल के, अब पड़ोसी हँस रहे हैं,
शहादतों पे शहिदों की सियासत ना की जाए,
पक्ष-विपक्ष एक स्वर में रहें, दुश्मन सिमट रहे हैं,

हर तरफ बस सवाल होते हैं,
लोग भी कितने कमाल होते हैं,
कुछ करो तो खुश नहीं दुनिया,
कुछ ना कीजै मलाल होते हैं,
कितना मुश्किल है उढ़ते रहना,
कदम कदम पे कई जाल होते हैं,
जिन से उम्मीद नहीं करते हैं हम,
शख्स वो बड़े बेमिसाल होते हैं,
मर मिटे जो, वतन के काम आए,
'प्रेम' वो जिंदगी में मिसाल होते हैं,

ग़ज़ल.......

आज फिर नया आसमां नज़र आया है।
मुद्दों के बाद इक कारवां इधर आया है।।
सतरंगी सपनों में गुम था मेरा माझी कब से।
आज दरिया का पानी भी नीचे उतर आया है।।
जो भी हांसिल है जिन्दगी तुझसे अब तक।
मेरा जमीर, मेरा वजूद, ऐ मेरा सरमाया है।।
लिख रहा हूँ किस्से कहानी तेरी मेहरबानियों के।
बडी सिद्दत के बाद ऐ जिन्दगी तुझको पाया है।।
इक हाथ से दिया, दूसरे से ले लिया सबकुछ।
इस तरह जिन्दगी तूने मुझे आईना दिखाया है।।

पुलवामा....आश्वासन नहीं,
समाधान चाहिए।
.....................................।
मन विशप्त है,
पीड़ा सी है
हृदय की कोशिकाओं में,
ज्वार बढ़ रहा है,
तन मन धधक रहा है,
फिर समाधान के नाम,
कडी चेतावनी,
कडा संदेश,
फिर लीपापोती,
कब तक?
आखिर कब तक,
लाशों पे ऐ किसकी विसात है,
शहिदों पे किसका धात है,
शतरंज की ऐ कैसी चाल है,
मोमबत्तियां को जला,
फिर भूल जाना,
क्या इतना ही फर्ज है हमारा,
सियासत की रोटियां नहीं सेको,

जल जाओगे देखना, वरना,
देश का सिपाही,
देहदान कर रहा,
लहू का उसका हर कतरा,
आह्वान कर रहा,
नेष्तानाबूद कर दो मिलकर सब,
हर उस दहशती ठिकाने को,
अब, आश्वासन नहीं,
शहिदों का सम्मान चाहिए,
अब वार्ता नहीं, समाधान चाहिए,

जिन्दगी सब हिसाब ले ले तू,
मुस्कुराऐ क्यूँ जबाब ले ले ते,
मौला तेरे दर पे आया हूँ मैं
आँखों से सारा आब ले ले तू
मैंने सपनों की फेरहिस्त लिखी,
ख्वाहिशों की कीताब ले ले तू
मुझसे अब और नहीं सम्भलते,
वापिस सारे अज़ाब ले ले तू,
दुश्मनों की कहाँ जरूरत है मूझे,
रहबर, हमदर्द, अहबाब ले ले तू,
हरसूँ है तो क्यूं नज़र नहीं आता,
पर्दादारी है तो नकाब ले ले तू,
इक जवाँ होने से है सभी मसहले,
मुझे लौटा बचपन, शबाब ले ले तू,

हर इसांन यहां वक्त के हाथों में खेला होगा,
मुस्कुरा रहा है वो महफिल में अकेला होगा,
जानता हूँ मैं भी हर चाल जमाने की यूं तो,
आज मशगूल हूँ, फिर कल कहाँ ऐ मेला होगा,
उसकी तस्वीर लिए फिर नहीं सकता हर सूं,
दिल में रखता हूँ, नज़र आई तो झमेला होगा,
मुद्दतों के बाद किसी नूर की निगाहों में आया,
दुनिया वालों ने कई सालों कैसे हमें झेला होगा,
इत्तेफाकन किसी दर्द से राफ्ता नहीं रखता हूँ,
जिसने जब चाहा वो हमारे दिल से खेला होगा,
साफगोई से यहां जिंदगी के रास्ते कहाँ मिलते हैं,
'प्रेम' सच के रस्तो पे मुसाफिर पहले अकेला होगा,

कब मैं अपने हाथों मे मुक्कमल ऐ जहां रखता हूँ,

खुद को आजमाता हूँ फिर कदमों के निशां रखता हूँ,
रबायत ऐ है किसी अपने पे भरोसा ना किया जाए,
फेहरिस्त में गैरों की मैं अपनों को कहाँ रखता हूँ,
चिराग जलाने-बुझाने के लिए हवा जरूरी है तो,
नज़र में रहे आस-पास हर दीये में धुआं रखता हूँ,
मुख्तलिफ सा रहना मेरे किरदार की पहचान है,
फ़ना होने को खुद पे अपने जिस्मों जां रखता हूँ,
तुनक मिजाज होना भी अदावत का किरदार है,
'प्रेम' जिस्त में इसलिए भी दिलचस्पियां रखता हूँ,

रूखसत हुआ है वक्त वो लौटेगा जरूर,
कोई रंग फूल टहनियों पे छोड़ेगा जरूर,
मकसद से मिल रहा यहां हर शख्स भीड़ में,
मुखौटे को किसी, रोज वो ओढ़ेगा जरूर,
पकड़ा है हाथ जिसने भरी महफिल में आज,
मतलब निकल गया तो वो इसे छोड़ेगा जरूर,
तस्वीर बनाते हुए उसे खुद ऐ मालूम कहां था,
'प्रेम' पत्थर की चीज है इसे कोई तोड़ेगा जरुर,
टूटी हुई चीजों को बिखरना ही पड़ता है,
चारागर है, दिल है, वो इसे जोड़ेगा जरूर,

प्रेम के धागे,
बांध के रखते हैं,
जीवन है तो सपने हैं,
सपने हैं तो अपने हैं,
उम्मीदों की उड़ानें हैं
रस्तों की भी शर्ते है,
ख्वाब आसमां पे लेकिन,
जमीं पर कितने उतरते हैं,
हर दौर में कुछ नया सा है,
हर दिल में जिज्ञासा है,
पंखों की भी मर्यादाएं है
इच्छाएं कुछ ज्यादा हैं,
वक्त बदलता जाता है,
कुछ नया रोज हो जाता है,
उडने के नियम वही पर,
आसमान शेष रह जाता है,
'प्रेम' सास्वत है तो नया क्या है
हवा वही है तो उड़ा क्या है,
अविरल नदियों सा निर्झर सा,
मन के दरिया से बहा क्या है,
दिन और रात में सिमटा है,
लिखा रेत पे मिटता है,
कुछ सांसों की पुंजी है,
समय की कोख में छुपा क्या है

निगाहों में रहूँ या तेरी नज़र में रहूँ,
महफूज नहीं हूँ, तो अपने घर में रहूँ,
चला हूँ सोच के मंजिल तलक पहुंचू,
फिर सोचता हूँ, मैं बस सफर में रहूँ,
पहचान बनाने का रास्ता ढूँढ रहा था,
अब सोचता हूँ, मैं क्यूं खबर में रहूँ,
गांव की वादियों में इश्क धुला हुआ,
मैं क्यूं दम धोटते नशे के शहर में रहूँ,
शगुफ़्ता हूँ मुझे कोई नहीं जानता प्रेम,
'मै' की कफ़स से रिहा मैं क्यूं भंवर में रहूँ,

जिन्दगी के सफर में खबर बन गए,
मुसाफिर मिले, हम सफर बन गए,
चलते चलते ही मंजिल करीब आ गई,
रिश्ते ना जाने कब हम नज़र बन गए,
आसमां ज़मीं से मिला एक रोज, फिर,
दिल के सब कुन्ड स्नेह से भर-भर गए,
राग बन कर जिंदगी सरगम गाने लगि,
बसंत घर में ऋतुओं के शगन धर गए,
अविरल गंगा बहने लगि जूं हर तरफ,
'प्रेम' पतझड़ में जूं पत्ते झर-झर गए,

लम्स का क्या, लौटके बसंत मे आ ही जाएगा,
इश्क का क्या, बौंर बन फूल खिल ही जाएगा,
खलिश सी बाकी है आज भी दिल के कोनों में,
दरिया है किसी रोज समंदर में मिल ही जाएगा,
दरक चुके है पहाड़ों के सभी गगनचुंबी स्तूप सारे,
फटे हाल धाटियों के सिरे कोई सिल ही जाएगा,
बोझ उठा कर कब तलक चलेगा कोई पहाड़ भी,
छलनियां करोगे सीना, इक दिन हिल ही जाएगा,
नदी भी अपनी मर्जी से चल नहीं सकती है अब,
दर्रा-जर्रा मंजिल आने तलक निकल ही जाएगा,

बहुत दूर चले जाना है,.......

....

मिलना-बिछुड़ना तो बस इक बहाना है,
जिन्दगी गीत है, जिन्दगी इक तराना है,
ऐ-दिल की खलिश नहीं मालूम क्यों है,
बरहम मुझसे क्यों, आखिर यहाँ जमाना है,
मुनासिब वक्त चुन गिले-शिकवों के लिए,
फितरतन इस वक्त ने तो बदल जाना है,
हाँ, मुझे इश्क है तूझसे जिन्दगी लेकिन,
मुसाफिर हूँ, मूझे तो बहुत दूर चले जाना है,
किसी रोज़ चुपके से अंज़ुमन छोड़ जाऊंगा,
कौन जाने कब तलक मेरा यहां ठिकाना है,
नियाज़ो-नाज़ करोगे तुम, मुझपे परिन्दों,
मेरे मचान से अब हर बहेलिया निशाना है,

खलिश... चुभन
बरहम....नाराज
नियाजों -नाज़.... गर्व, मान-मनौती

जिन्दगी अजीब है...

....

कोई जिन्दगी मे ग़म,
कोई ग़म में जिन्दगी ढूँढ लेता हैं,
दो पल की जिन्दगी,
में भी आदमी अपनों से रूठ लेता हैं,
कोई किसी को, पल भर में,
दिल देकर के अपना मान जाता है,
कोई किसी के साथ में रहकर,
ताउम्र भी आखिर, कहाँ जान पाता है,
तकदीर के सहारे, बसर होती है,
कट रही है, इसे जीना समझ बैठे है,
रिश्तों को जीना नहीं चाहते,
नए रिश्तों की खोज जीवन समझ बैठे हैं,
कुछ नहीं फर्ज से ज्यादा ऐ जीवन,
निभाकर सबको चले जाना है इक दिन,
क्या मेरा है, क्या यहां तेरा है,
जो है यही तो रह जाना है इक दिन,

वो खुश था बहुत हाथों से मेरी तस्वीर बना कर,
मैं चल रहा हूँ, हाथों से अपनी तकदीर बना कर,
कोई नहीं रस्तों से मेरे काँटों को हटाना यारों,
वो खुश है मेरी राहों में काँटो को बिछा कर,
जो बोऐगा राहों में वही, काटेगा फसल भी देखना,
दूध तो फटेगा ही नीबू की बून्दों को मिला कर,
सियासत की हेकड़ी की मियाद ज्यादा लम्बी नहीं,
कौन रहा है शहँनशाँ अपनी आवाम़ को मिटा कर,
दहशत, दमन की कब तलक जलती है लौ यहाँ,
यहाँ कौन फला-फूला है चमन मे आग लगा कर,
मशवरा है चिँगारियों से खिलवाड़ बन्द किया जाए,
ताजोतख्त छिने हैं, दमनचक्र से सच को दबा कर,

ईमान बिक गये सब इसमे हैरत क्यूं है,
बेबसी पुछ रही, तू आखिर चुप क्यूं है,
ना कोई खैर, ना खबर लेने वाला कोई,
ना रसद ना मरहम, तो ऐ हुकूमत क्यूं है,
मुझ से तन्हा है जुदा है उसका हर रस्ता,
फिर होने का मतलब, मेरी जरूरत क्यूं है,
उसको मिलकर भी उसे नहीं मिल सकते,
फिर साँसों मे मचलती हुई हसरत क्यूँ है,
बे मोल ही मिलती है तेरी हर दौलत मौला,
जामे-मुहब्बत की जहां में कीमत क्यूँ है,
तेरा ही है जहां, तूने ही दिया सब कुछ, फिर,
'प्रेम' हर इक बात की तूझसे शिकायत क्यूँ है

दिल के कुछ आस-पास रहता है,
वो उलझनों को लिबास कहता है,
जिन्दगी कुछ इस तरह बसर की है,
वो खुश, आईना उदास रहता है,
उल्फतें आती-जाती रहती है यूं ही,
दिल में सबका हिसाब रहता है,
किसी विराने से इतनी चाहत कैसी,
खाक की गर्द में कौन खाश रहता है,
वस्ल की जद से दूर रहता हूँ मगर 'प्रेम'
दिल के दरिया में ख्वाब बहता है,
जिन्दा हैं ख्वाब कई, टूटे है तो क्या,
जिन्दा रहने का अहसास रहता है,

रश्क आता है जब, तलक इश्क चला जाता है,
इश्क करना अदावत है, जो हमको नहीं आता है,
उलझनों में रहा, दिले बेकाररी के शबब रहते है,
मुहफट है तिजारत में सौदाई सा गज़ब भाता है,
सुखंनबरी में कई साल गुजर-बसर कर बैठे हैं,
हर शै में मतला, काफिया सा तंग नजर आता है,
कैसे देखें जमाने को, एक हि नज़र से हर सूं,
हर शख्स का हमें मुख्तलिफ सा जिगर भाता है,
रहबरों में रहके इतना तो हमने ज्ञान पा ही लिया है,
'प्रेम' वक्त पे कोई भी हमदर्द काम नहीं आता है,

बादहकशों को कुछ घड़ी का गुमान रहता है,
होशमन्द के दिल में हर घड़ी ईमान रहता है,
हासिले-हयात फिर किसी काम नहीं आती है,
कागजी-पैरहने, ज़ुबां जब बद-ज़ुबान रहता है,

बादहकशों.....शराबियों
हासिले-हयात...जिन्दगी की उपलब्धियां

हजार जहले मुरक्कब का वस्फ़ लिए फिरते हैं,
लोग भी आसूदगी की आगही लिए फिरते हैं,
बरसरे-पैकर का दौर जारी है अंधेरों तुम्हारे आगे,
गिरते भी है तो हम बड़ी शान से गिर के उठते हैं,
पैरहन में नहीं होती कोई खामियां दुनिया वालों,
लोग नजरिये की नज़र से परिन्दों के पर गिनते हैं,
हयात हर किसी के लिए मुमकिन नहीं होती है,
लोग राफ्तो का यहां अपने लिए मसरफ़ करते हैं,
रहे-सितम भी हर किसी के बस की बात नहीं है,
हदों की जद़ में कुछ जांवाज ही बसर करते हैं,

जहले मुरक्कब ....दोहरा ज्ञान
वस्फ़ ....अंधेरा
आसूदगी.......संतुष्टी, तृप्ति
आगही.......ज्ञान
बरसरे -पैकर....संघर्ष पूर्ण
हयात.....जिंदगी
राफ्तो....रिश्तो
मसरफ़ ....इस्तेमाल, उपयोग
रहे -सितम....अत्याचार के रास्ते

ऐ सब तेरी मेहरबानी हैं,
सब तेरी लिखी कहानी हैं,
ख्वाब भी तू ही दिखाता,
हकीकत भी तेरी ब्यानी है,
निस्बतों से ऐ मेरी दुनिया,
तेरी रहमतों से ऐ निभानी है,
जिस तरफ देखता हूँ तूझे,
हर-सूं तेरा ही रंग धानी है,
वरकतें तू ही भेजता है मुझे,
मेरा सब कुछ तेरी निशानी है,
मैं समन्दर से पुछता हूँ, बता,
क्यूँ तेरा रंग आसमानी है,
तू मेरा है मैं तेरा हूँ बात इतनी,
सारी दुनिया को ए बतानी हैं,
लोग कहते हैं खुदा तेरा कैसे,
रूह ने कहा मेरी शै रूमानी है,
तू ना हो तो मैं क्या हूँ बता तो,
ऐ सब तेरी लिखी कहानी हैं,

कोई तो वजह मुस्कुराने की बना दे,
कोई तो वजह उसे भुलाने की बना दे,
गिरा है जो अश्क बज़्म में किसी के,
वजह अब उसे तू उठाने की बना दे,
रहे वो हमेशा मेरा ही ख्वाब बनके,
हकीकत चाहे उसे जमाने की बना दे,
ऐ वक्त अपने आंसू खुद पोछ लेगा,
तू बस गत ऐसी उस फसाने की बना दे,
'प्रेम' तेरा नाम लेकर के मैं घर से चला हूँ,
कोई सूरत तू बस निभाने की बना दे,
फकिरी का क्या हम बसर कर ही लेंगे,
मौला मंलग जिन्दगी ठिकाने की बना दे,

ज़र्फ़ रखता हूँ दिल में आतिश फ़िशां रखता हूँ,
जेब में फ़र्ज़े-मुहब्बत, कुछ और कहाँ रखता हूँ,
खुश हूँ हर हाल में, शुक्र है हम है तो सही मौला,
ना दिल में कोई बोझ, ना कोई भी गुमां रखता हूँ,
जो भी हैं, हम खुली किताब की तरह रहते हैं,
दिले-चिराग जलते हैं उनको ना निहां रखता हूँ,
शादाबियां खुद-ब-खुद ही चली आती हैं वहां,
मैं कदम जिस दरो-राह पे जहां-जहां रखता हूँ,
उम्र का क्या है इक दौर की तरह गुजर जाएगी,
जिन्दगी की हर शै मात में दिलचस्पियां रखता हूँ,

ज़र्फ़ .....हौसला,सलाहियत
अतिश फिशां ....ज्वालामुखी
निहां .....छुपाकर
शादाबियां....खुशियाँ
फोटो ,....,न्यूयार्क, मैनहैटन अमेरिका

चल रहा है मेरे साथ कोई तेरा पैकर मौला,
धूप में आ जाता है कोई साया रहबर मौला,
है कोई हाथ जो मैं गिर-गिर के सम्भल गया,
मखमली बनके निखरती है हर ठोकर मौला,
उलझनें घेर के रखती हैं भीड़ में मुझको यूं ही,
तुझसे तन्हाई में बात करता हूँ खुलकर मौला,
क्यूं जाऊं किसी मंदिर, किसी काबे तूझे मिलने,
'प्रेम' जब तू रहता है मेरे दिल के ही अन्दर मौला,
सब तेरी रहमतों के सहारे में बसर करते है यहां,
सब तू ही तो बनाता है, मिटाता है सिकंदर मौला,
तेरा जलवा है जो हर चीज होती है फ़ना होती है,
कर देता है तू हर दरिया, नदी को समन्दर मौला,

पैकर....आकृति, शक्ल -सूरत

तू मेरा कल तू मेरा आज है,
तू ही फलसफा, तू राज है,
पैरहन की तारिफ है सारी यहां,
मैं तो बस तन, तू मेरा लिबास है,
तूझ में सब, तूझ में ही रब,
तूझ में वीणा, तूझ में साज है,
अनवरत चल रहा है तेरा काम,
अथक पथिक, हमें तुझपे नाज है,
सुन रहा है तू, सबके दिल का साज,
हर सू, हर कदम तेरा ही तो राज है,
फिर क्यों डरू, क्यूं रूकूं, तू जो है,
मुझ मे भी तो तेरा ही परवाज है,
पंख भी तेरे है, आसमां भी तेरा,
उड़ान पे फिर क्यूं मुझको नाज है,
देखना चाहता हूँ तेरे बज्म मैं कहकशां,
तू रूह है, तू अजान, मंदिर की अवाज है,

स्टेचू आफ लिबर्टी, ...न्यूयार्क अमेरिका

जो मिला लगा वो साहिबे किरदार ही होगा,
गज़ब की अदा थी आला अदाकार ही होगा,
हांकते हुए ले आया वो रकीब हमको ऐ कहाँ,
भेड़ बकरी हैं हम वो सूबे का सरदार ही होगा,
बिक रहे हैं सब इंसान क्या, ईमान क्या कहिए,
हर कीमत चुका रहा, बड़ा खरिददार ही होगा,
बे शबब उसकी हर बात पे मुत्मुइन हो गए हम,
हासिया-बरदारी में वो कोई फ़नकार ही होगा,
नशा किसी भी चीज का हो, सर चढ़ के बोलेगा,
जरूरी नही नशे में रिन्द हो, या मयख्वार ही होगा,
इश्क़ की तलब को जिस्म से मत राफ्ता समझो,
चारागरों ने बतलाया है वो कोई बीमार ही होगा,

साहिबै किरदार...........चरित्र वान
हासिया-बरदार.......चापलूस, पिच्छलगू
चारागर.......चिकित्सक

आँखों में खटकता वो सवाल है लेकिन,
सब ए कहते है वो कमाल है लेकिन,
हद से ज्यादा उसको चाहोगे तो फिर,
चाहतो में भी वो बेमिसाल है लेकिन,
उसकी यादें पल भर की नहीं होती हैं,
वो इक लम्हा नहीं हजार साल है लेकिन,
हर चाहत को पाके देख चुका हूँ अबतक,
वो ही जिंदगी का इक मलाल है लेकिन,
हम भी इस दुनिया में कोई नाम रखते है,
मुख्तलिफ सब में वो मिसाल है लेकिन,
बेवफा, दिलफरेब जो चाहे कह लो उसको,
हमनफ़स है, हमारा वो विसाल है लेकिन,

जब लोग कहे तू रहने दे,
ऐ तेरे बस की बात नहीं,
वो करके दिखला दो फिर,
जो सबकी औकात नहीं ,
मजा नहीं, जब तुम कहते हो,
हमें उच्चे शिखर को पाना है,
मजा तो तब है जब लोग कहें,
हर शिखर तुझे ही झूकाना है,
जो वक्त हमारा है, कहते है,
जो समय चक्र में बहते हैं,
उन्हें कह दो वक्त पे मत इतराओ,
वक्त को वक्त बदलना आता हैं,
दम्भ से क्यूँ हम डर जाए,
दमन के आगे क्यूँ मर जाए,
तुम आतताई बने रहो चाहे,
हमे गिर-गिर के सम्भलना आता है,
हम रूकने वाले नहीं किसी छल से,
डरने वाले नहीं किसी बल से,
बिछा लो कांटो के सेज जितने,
हमे हर सूल कुचलना आता है,
वक्त किसी का कब होता है

हर वक्त बस वक्त का होता है,
सम्भल के कदम उठा प्यारे,
वक्त को हर दौर बदलना आता है,
जो समझ गया है वक्त की बात,
जो चला यहां पे वक्त के साथ,
जो वक्त की कीमत नहीं समझा,
वक्त उसे सब कुछ समझा जाता है,

लब्बोलुआब से होता तो हम भी बागों बहार होते,
जलवा नसीन ना हुए वरना हम भी शाहकार होते,
जिन्दा तबियत के हुनर मंद है जमीर जिन्दा है,
वर्ना तबसिरे में हम किसी चीज़ के इश्तिहार होते,
मुफ्त में मिल गये है जमाने को इस्तेमाल कीजिए,
वर्ना तलब की बात पे हम वसाइल हजार होते,
खानाबदोश भी आजकल नामचीन शख्स होते हैं,
'प्रेम' मेहरबां ना होते तो हम भी उनमे शुमार होते,
वफा, उल्फत की कदर करके लुटे हैं सरे जहां में,
तिजारत को समझते तो, हमारे भी कारोबार होते,
इल्तज़ा करके थक गये जिन्दगी तेरे दर पे अब तो
कोई तो बर्दाशत की हद्द के, हमसे तेरे करार होते,

लब्बोलुआब .....दिखावे
जलवा नसीन.....सौन्दर्य वान
शाहकार ....उत्कृष्ट नमूने
इश्तिहार ....विज्ञापन
वसाइल......साधन,संसाधन
शुमार,,.....गणना,गिनती
तिजारत ....व्यापार

खेल जाता है वो दिल के साथ जब भी चाहता है,
वो बहुत फसाने साथ लाता है जब भी आता है,
किफायती नहीं रहा उसकी पशेमानी का शबब,
वो शिखर पे जाता है, तो खुद ही बिखर जाता है,
बड़ी मुश्किल से सम्भाला है बहते दरिया को मैंने,
रेत सा है जर्रा-जर्रा इधर-उधर से निकल जाता है,
वक्त के साथ चला होता तो मैं भी होता अव्वल,
मेरा मांझी मुझे हर दम यही याद दिला जाता है,
किसी के दर्द में शामिल रहो, खुशी से बढ़कर,
'प्रेम' वक्त बारी बारी यहां सभी को आजमाता है,
वक्त के कपाल पे कल की तस्वीर छपी रहती है,
बुरा वक्त, अच्छे वक्त सा, इक रोज चला जाता है,

तू खो ना जाए, आ तूझे कही लिख दूं,
वक्त के हाथ तराजू है, क्या यही लिख दूं,
मैं बे कसूर हूँ, सब वक्त की हेर-फेर है प्यारे,
कारश्तानियां वक्त ने की, उसे सही लिख दूं,
मुसलसल मैं भी बदल रहा हूँ वक्त के साथ,
तू ना बदलेगा, तू कहे तो तुझे नहीं लिख दूं,
मशवरा दे रही है जिंदगी पल भर की बात है,
कितने सामान जुटा लिए है, रूक यही लिख दूं,
रूखसत हो जाएगा शानो-शौकत का जहान,
तुम मेरी नज्म को गाओगे, ऐसा यकीं लिख दूं,
ख्वाब मेरे उतरेंगे आसमां से यकीन है मुझको,
तू कहे तो आसमां को ही अपनी जमी लिख दूं,
कुछ ख्यालों की बातें हकीकत में नज़र आएगी,
'प्रेम' कह नहीं पाए दिल की, इसे कमी लिख दूं,

जब मित्र मिले तो इत्र बन जाते हैं
रिश्ते घुले तो पवित्र बन जाते हैं
व्यवहार ही तो दुनिया का सार है
आदर्श जीवन मे चरित्र बन जाते हैं
सफर है जिंदगी चलते रहिए बस,
कब कौन, दिल के सौमित्र बन जाते हैं
कभी लहू के रिश्ते भी काम ना आए,
राह चलते भी रिश्ते निभा जाते हैं,
दो हस्ती मिलें तो उसे दोस्ती कहा जाता,
सुख दुख में ऐ दोस्त ही काम आ जाते हैं,
सारे बोझ हलके से लगने लगते हैं जब,
'हो जाएगा, फिक्र ना कर', दोस्त कह जाते हैं
जब कुछ नहीं होता, जो चाह हो दिल में,
तूझमे कुछ बात है ऐ दोस्त समझाते हैं,
सफर में कौन है जो हर फ़न को समझे,
ऐ कमीने दोस्त ही तो हर फन आजमाते है
जीत मे या हार में, हौसले बनके ढटे रहते हैं
ए दोस्त ही फकीरी में बादशाह बना जाते हैं
कहाँ हो यार इन दिनों कोई उपनाम नहीं दिया,
किसी का नाम जोड़ किसी को बदनाम नहीं किया,
वो इत्र ढूँढना है दिल खुश्बू की चाह में,
कहाँ खो गए हो यार, कोई नया काम नहीं किया,

रहे खबर फिजाओं को चलते रहिए,
ऐ वक्त की फितरत है बदलते रहिए,
आसमां से दोस्ती तो नहीं हो सकती,
ज़मीं से, आसमां से बात करते रहिए,
जब आपका संवरना खलने लगे ,
फिर बेवजह ही आप संवरते रहिए,
ज़ख्म का भी इक राफ्ता बना रहता है,
ज़ख्म कुरेदने के बाद उन्हें भरते रहिए,
इश्क भी लाजवाब, लाईलाज होता है,
जब तक है जां, जीते जी मरते रहिए,
इक रोज़ सभी को छोड़ कर चले जाएंगे,
जन्मों के रिश्ते हैं, ऐसे वादे करते रहिए,
जब तक हरसूं अंधेरा है, कैसे थम जाऊं,
'प्रेम', चिराग हो, फितरतन जलते रहिए,

दिल सराय है कोई, दिल आशना नहीं होता,
फितरतें बेलगाम हैं, दिल किसी का नहीं होता,
बे-पनाह हसरतों का सफर है जिन्दगी तेरा,
साथ बेवजह यहां कोई भी काफ़िला नहीं होता,
निश्बतों का कोई यहां क्या भरोसा रखें आखिर,
आदमी का आदमी पर कोई भरोसा नहीं होता,
तल्ख होती है हर शबब की तासीर इन दिनों,
इश्क होता है, इश्क में अब कोई खुदा नहीं होता,
दिल के रस्ते गुजर तो सकते हैं सभी राहजन,
राह में अब कोई अज़ब फ़लसफ़ा नहीं होता,
दिल अब दिल से नहीं धड़कता है दिलनवाज सा,
इसी लिए अब कोई बेवफा भी बेवफा नहीं होता,

राज कितने हैं जो अभी ज़ुबां तलक नहीं आए,
वो समझ रहे हैं हम उन्हें देख कर यूं ही मुस्कुराए,
सफर में कितने कत्ल कर के लौटे हो हमनफस,
कितने निशां कदमों के गवाही देने को छोड़ आए,
मुख्तलिफ ख्वाब देखती है मेरी आंखें भी क्यूंकर,
फलक से भी आगे मुझे इक आसमां नज़र आए,
कहां तो रोशनी के वास्ते तरसती थी ऐ कायनात,
'प्रेम' आफताब देखों कितने ज़मीं पर उतर आए,
मुन्तजिर था की कयामत की रात वो आ जाएगा,
देख, गुलिस्तां में उस जात के गुल निखर आए,
मुक्तसर जिन्दगी कितने रंग दिखा देती है यहां,
जहां पे खाक़ थी, वहां नए कोंपले निकल आए,

किसी की निगाहों में खलिश कुछ रह गई है,
फ़ज़ा बहकते अल्फ़ाज़ कान में कुछ कह गई है,
दिल से रंजिशें करना छोड़ दें गर ये सारा ज़माना,
बाकी फिर बची उल्फत ही तो, जहां में रह गई है,
छोड़ कर, चल कहीं दूर चलते हैं अब हम शहर से,
'प्रेम' राख ही बाकी हवाओं में बची अब यह गई है ,
वो उलफतों का ज़ख़ीरा ना जाने कहां खो गया है,
बची आदमी के दिल यहां नफरत ही रह गई है,
यूं तो हमारे बाद भी दुनिया में कई मेले सजेंगे पर,
पुर्वजों की बनाई मुहब्बत की इमारत ढह गई है,

अब दिवस तक रह गई है हैसियत,
गिनती में हम, है ऐ भी बड़ी गनीमत,
करवा चौथ के बाद कोई दिन आया है,
कहीं अन्तर्राष्ट्रीय पुरुष दिवस मनाया है,
तीज त्यौहारों की फेहरिस्त में हम भी हैं,
पूरे ना सही तो क्या, क़िस्त में हम भी हैं,
पुरूष दिवस पर कोई उत्साह नहीं दिखा,
कोल्हू का बैल आईने में मुझसा नहीं दिखा,
पुरूष दिवस पर पुरूष की पहचान होगी,
'अन्तर्राष्ट्रीय कोल्हू बैल' से सम्मान होगी,
आओ सब मिलकर के मनाए इस दिवस को,
'प्रेम' पुरूषार्थ की अब विश्व में पहचान होगी,

अन्तर्राष्ट्रीय पुरुष दिवस की हार्दिक शुभकामनाएं

क्या पता कब किस तिलस्म सा टूट जाएगा,
जाने कब नाखुदा ही मेरा खुदा बन जाएगा,
वक्त अपनी गवाही दे रहा है हर कदम,
वक्त बदलेगा, ऐ, जमाना देखता रह जाएगा,
हर कदम चलने से पहले तू ऐ सोच लेना,
किसी रोज़ चलते तू अकेला ही रह जाएगा,
पता है ख़ाक़ की कीमत नहीं होती, फिर भी,
शख्सियत कोई भी हो, खाक़ में मिल जाएगा,
क्या बचा कर ले गया कोई जहां से आजतक,
तिलस्म कितना भी बड़ा हो टूट कर रह जाएगा,
मुआफ कर, या मुआफी ले ले, ए बचे दो रास्ते,
बोझ अपने साथ वरना, ऐ नहीं, ले जा पाएगा,
शादबियों के मौसम जब भी कभी आ जाए तो,
लुट ले तू हर खुशी, वर्ना फिर बहुत पछताएगा,

जिन्दगी कितना कमाल करती है,
हर घड़ी नया सा सवाल करती है,
हम गुनाह सोच कर नहीं करते,
सोच, जिन्दगी ऐ मलाल करती है,
हमसे बुत भी, नहीं बनाए जाते हैं,
कुदरत सब कुछ बेमिसाल करती है,
दर्रे जिस राह से निकल के चलते हैं,
मौज मौजों का हर ख्याल करती है,
नदियां का रास्ता वही है मगर फिर भी,
'प्रेम' नदियां पत्थरों के भाल मलती है,
इक नदियां रूक के पूछती थी हमें,
क्या चलते रहने से मशाल जलती है,
मोम के दिल भी खूब हसीन होते हैं,
ज़रा धूप में उसकी मजाल पिघलती है,

मेरे बाद, मेरी परछाइयों का ख्याल रखना,
कलम, दवात, मेरा दीवान सम्भाले रखना,
नाज़, अहले-करम उठाने वाले कहां मिलेगें
यहां बादशाह हो तुम, ऐसे भरम पाले रखना,
किसी रोज़ फंस जाएंगी मछली भी जाल में,
बस मशक्कतों के कांटे दरिआ में डाले रखना,
जाने कब मुक्कदर बदल जाए चलते-चलते,
हुनर के वकार को हरदम सम्भाले रखना,
ज़रा, जोरू, ज़मीं के सभी मसहले है यहां पर,
तीनों को ना कभी भी किसी के हवाले रखना,
जहां की नज़र खा जाती है ज़र, जोरू, ज़मींन,
पर्दे की चीज को सरेआम ना निकाले रखना,

आदमी खुद से मिलाता है नजर भी,
किसी तरह से गुजर जाता है सफर भी,
राहते-दिल तो कभी भी नहीं मिलती है,
राहें वफा में बेवफा हुआ जाता है जिगर भी,
दिल लगाने वाला साहिबे किरदार ना होगा,
कुछ तो सिखा कर गया है राहगुजर भी,
बोऐ जो बीज आपने फल वो ही तो पाएंगे,
पत्तों पे आ ही जाएगा शाखों का असर भी,
बस्ती में आग आप लगा कर तो आ गए हो,
ज़द में आ जाएगा इक रोज़ आपका घर भी,
दरख़्त काटने से परिंदों ही बेघर नहीं हुए हैं,
धूप में छांव को तरस जाएंगे आपके सर भी,
'प्रेम' जिंदगी भी रोज इक नया रंग दिखाती है,
जो है, वो कुछ नहीं, खो के बढ़ी उसकी कद्र भी,

साहिबे किरदार ... .चरित्रवान

चिरागों को जला कर भूल जाना चाहिए,
अंधेरा हो तो, एक दीपक जलाना चाहिए,
हवा भी खूब रिश्तों को परखने आती है,
रूख हवा का क्या है, समझ जाना चाहिए,
जलने वाले दीप को ऐ, किसने पुछा है कभी,
जागरण की लौ को, कब तक जलाना चाहिए,
चलते रहिए राह में, कुछ पदचिन्ह छोड़ कर,
सत्य पथ पे हो तो, पीछे कोई तो आना चाहिए,
गलतियों से सिख लो, जिगर में रंज मत पालिए,
अपनी कृपा, गलती दूसरे की, भूल जाना चाहिएं
ऐ, जिन्दगी पूछे तूझे, किस हाल में रखूं बता,
ग़म हो या खुशी, 'प्रेम' हरदम मुस्कुराना चाहिए,

लकीरें हाथ में थी या वक्त से सौदा कर लिया मैंने,
तू बड़ा ना मैं छोटा, वक्त से मसौदा कर लिया मैंने,
जिन्हें तबक्को ना थी कभी हम भी मुसाफिर है यहां,
लगता है उनके सफर के पेट में दर्द पैदा कर दिया मैंने,
खुद की तस्वीर बड़ी करने ज़िद में मसरूफ है रकीब,
'प्रेम' क्या वकार का मेअ्यार इतना ऊंचा कर लिया मैंने,
अंजुमन से उठकर चला जाता है हर हुश्ने जमाल क्यूं कर,
तेरे नाम लेने से, क्या रब का सजदा कर दिया है मैंने,
दाद देने वालों की महफ़िल में कमी तो नहीं फिर क्यूं कर,
क्या, कुछ लोगों के चेहरे का रंग हल्का कर दिया है मैंने ,

मेअ्यार ...... स्तर

बेपनाह ख्वाहिशें, पल भर का है फ़साना जिन्दगी,
मौज के साथ में किनारों से है निभाना जिन्दगी,
चल रही वक्त की अरमान सभी के अपने-अपने,
इन्हीं पलों में से कुछ वक्त को है चुराना जिन्दगी,
फ़कत सांसों की रफ्तार में गिरफ्त नहीं रहना है,
इक मुक़ाम पे क़दमों के निशां है बनाना जिन्दगी,
हर वक्त एक सा नहीं बहता है दरिया भी दर्रों से,
बहते दर्रे को भी इक रोज़ ठहर है जाना जिन्दगी,
ग़म और खुशी तो हमसफ़र हैं हमऩफश की तरह,
यहां हर हाल में फिर भी है मुस्कुराना जिन्दगी,
अपनों के लिए जीना मरना जीवन तो ऐ ही है 'प्रेम'
बाजी जीत के अपनों से ही है हार जाना जिन्दगी,

वक्त अपना वजूद होता है,
कर्म आईना सबूत होता है,
कुछ कदम जिन्दगी बन जाते है,
जिन्दगी कुछ कदम की होती है,
दरख़्त भी टहनियों से बनते हैं,
जड़ फलों को कहां तरसते हैं,
फलों का भी अलग फ़साना है,
बागवां को कभी नहीं मिलते हैं,
हमें हंसते चेहरे यही बताते हैं,
दर्द में लोग ज्यादा खिलते हैं,
गर्दिशें जीना सिखाती हैं मगर,
लोग शादाबियों के लिए तरसते हैं,
कोई साथ जिन्दगी भर नहीं चलता,
'प्रेम' लोग राह में रास्ते बदलते हैं,
कुछ दो कदम चल के ठहर जाते हैं,
कुछ के कदमों के निशां को देख चलते हैं,

बहुत दूर तलक जाऊंगा, मैं ऐ सोच के चला था,
गैरों के बसकी बात कहां, हमें अपनों छला था,
सबके लिए जिएंगे, सब अपने ही तो हैं आखिर,
कितना खूबसूरत सा ख्वाब दिल में मेरे पला था,
जिसमें सकून मिला जहान को, मनसूबे अता हुए,
उजाले समझ वो झूमें, जहां दिल मेरा जला था,
मयसर नहीं है थोड़ी भी, हय्या अब नाज़निनो में,
'प्रेम' गए वो दिन जब पर्दानसीनों ने दिल छला था,
कयामत के दिन सभी से, ऐ, पूछा जाना चाहिए,
किस-किस का दिल किसको देख कर जला था,
इक ऐसी अदालत भी कभी लगाना मेरे मौला,
आईना दिखाना, ज़ुबां पे ख़ुशी, दिल में गिला था,

कहने को जिन्दगी में बचा कोई मुगालता नहीं,
दिल से गिले-शिकवे कोई निकालता नहीं,
चांद-सूरज इक रोज़ साथ निकले मेरी छत पर,
कोई ख्वाब इस कदर भी मैं दिल में पालता नहीं,
आसमां से शिकायत ऐ रही है मुझको बरसों से,
ज़मीं सा अपनी गोद में वो मुझको पालता नहीं,
नदी की हर अदा पंसद है मुझे, लेकिन फिर भी,
संमदर सा वो किसी दरिया को सम्भालता नहीं,
मेरे अपने बदल गए, मुझे कोई पहचानते नहीं है,
इसलिए मैं अपने रंग में भी किसी को ढालता नहीं
जो आज है, उसे आज ही, जी करके देख लेता हूँ,
कल हो केय ना हो, कुछ भी मैं कल पे टालता नहीं

धन का आना-जाना इक रवानी की बात है,
याद रह जाती है, ऐ उस कहानी की बात है,
क्या कमाया, क्या गंवा रहे हो हिसाब रखिए,
बच गया जो सरमाया वो निशानी की बात है,
ज़मीं से दूर रह कर भी रिश्तों को बनाए रखना,
सैर आसमां की करना दिलों दीवानी की बात है,
पा जाओ सारे जहांन को खुद का वक्त भुलाके,
अपनी औकात भुल जाना ए नादानी की बात है,
मीठे शब्द ही बोलिए कहीं अर्थ घाव ना कर जाए,
'प्रेम' विमर्श में शब्द विन्यास सावधानी की बात है,

सब यहीं, फिर मुझे किसकी तलाश है,
वक्त लौटेगा, मेरे दिल को वो आश है,
हर शै अपनी जगह पर, मन में बेचैनी,
संमदर ज़मीं की गोद में, कैसी प्यास है,
जिन्दगी रोज, आती-जाती है हमनफस,
धड़कन बन जो रहती, वो कैसी सांस है,
कहां दर-बदर ढूंढता रहता है ख्याल तू,
सारी दुनिया देख तो तेरे ही आस-पास है,
ना तेरे साथ आया, ना तेरे कोई साथ जाएगा,
मतलबी सब हमसफ़र, फिर तू क्यूं उदास है,
कुछ पल के सब रिश्ते, सब आनी जानी है,
कल किसी का था, आज जो तेरे पास है,
ऐ, रंगमंच है दुनिया, तू इक किरदार है प्यारे,
निभा शिद्दत से फ़न, तू गुरबत, तू ही उल्लास है

कुछ पल दो पल यूं कट गए मौला,
वतन वीरों के कदम पड़ गए मौला,
हमें नाज था जिनकी पाशवानी पर,
कल हाथ से हाथ मिल गए मौला,
नाज़ करता है वतन जिनके होने पे,
राह में कल वो यूं ही मिल गए मौला,
हर तरफ खुशबूओं का आलम था,
जैसे बागवां में फूल खिल गए मौला,
उसके लिबास पर सदके जाऊं मैं,
जूं सारे अरमान यूं निकल गए मौला,
शान उसकी जूं नूर शबनम का जैसे,
रूख से शादाब में बदल गए मौला,
दिल का है क्या कब किधर फिसले,
वक्त रहते 'प्रेम' तुम सम्भल गए मौला,

सुखनवर हो तो जरूरी है,
अपनी बातों में असर रखिए,
लिखना भी जरूरी हो,
लिखने वालों की कद्र रखिए,
शौक से निकालो रोज नए लिबासों में
नज़र रखने वालों पर भी नज़र रखिए,
हमें गर अपने दिल में बसाना चाहते हो,
जलते हुए चिरागों को अपने घर रखिए,
देखना जिन्दगी आपके कदमों को चूमेगी,
हम सा साथ में कोई हमसफ़र रखिए,
पाने का कुछ भी अगर जनून रखते हो,
फिर कुछ खोने का भी जिगर रखिए,
इस दुनिया से लड़ने के काम आएगी,
'प्रेम' अपने हाथों में कोई ऐसा हुनर रखिए,

मुख्तलिफ सा कोई हमसफ़र चाहिए
सारा जहां नहीं बस मुक्तसर चाहिए
मुसलसल चलने वाला मुसाफिर सही
ज़ख्म खा कर भी पुरा पुख़्तातर चाहिए
जोहरी पत्थर को तराशने वाला कौन हो
कोई आला दर्जे का सहिबे-नजर चाहिए
बात कितनी करें कब, कहां पर कया कहें
होना थोड़ी बात से बड़ा सा असर चाहिए
रोग कोई भी लाईलाज ना रहने दीजिए
ज़ख्म बारे-मरहम तस्कीने-चरागर चाहिए

मुख्तलिफ....हटके,अलग किस्म का
मुक्तसर ....जरा सा, थोड़ा
मुसलसल ..... लगातार
पुख़्तातर......., परिपक्व,सुदृढ
साहिबे -नजर..... दृष्टीवान, गुण दोष को पहचान करने वाला पारखी
बारे-मरहम.... ज़ख्म का बोझ
तस्कीने -चारागर .... चिकित्सक की तस्सली

तू ही बता दें जिन्दगी और तुझसे इल्तजाऐं क्या करे,
हर घड़ी नई फरमाइशें, तुझसे कितना निभाऐं क्या करे,
हर दर्द में खुश, नहीं करते हैं कोई शिकवा गिला ऐ जिन्दगी,
तू ही बता, ग़मजदा इस जिंदगी में मुस्कुराएं, क्या करें,
हर तरफ क्यों बेजारियों, लाचारियों के गरम बाजार हैं,
हालात में कैसे तेरे नाजों अहले-करम उठाएं, क्या करें,
जफाओं के सरपरस्ती में बसर हो रही है जिन्दगी 'प्रेम'
दौलत की वहशियत के इस दौर में ईमान-वफाऐं
क्या करें,
बह रहे सब, दौलत की आंधी चल रही है जिस तरफ,
ज़मीर बिक रहे हैं, उसूलों की ऐ सर्द हवाऐं क्या करें,
भष्ट हैं किरदार, अंधी आवाम को कहां दिखता है सब,
तू ही बचा आबरू मौला, तेरे दर की दुआएं क्या करें,
ग़ज़ल कहता हूँ, मेरे दिल की दीद सुनता है कहां कोई,
सुखनबर हूँ मैंने गीत लिखें, गाए, सुनाएं और क्या करें,

मतलबी होना भी हुनर है,
कुछ लोगों से पाला पड़ गया,
भंवरे अगर मंडरा रहे हो,
शहद अभी भी है भर रहा,
हम चाटूकारों के शहर में रहते हैं,
जान पहचान को मित्रता कहते हैं,
अवसर मिलने के इन्तजार तक ही,
बहुत बड़े शुभचिंतक से बने रहते हैं,
यकीन हासिल होने तक, तो दोस्त हैं,
मतलब निकाल कर, अंजान होते हैं,
हद से ज्यादा जब कोई फिक्र मद हो,
सतर्क रहें ऐ! अहसान के सम्बन्ध हैं ,
अब दोस्त मतलब तलक ही दोस्त हैं,
जैसे मकरंद ही भंवरे के लिए गोस्त है,
मतलबी जाल ले के चलता है साथ,
हमदर्द बन के जीत लेता है विश्वास,
अति हमदर्दी से बहुत नुक्सान होते हैं,
राज़ जान के ऐ खतरा ऐ जान होते हैं,
आम से लगते हैं दिखते बड़े मासूम से,
मौकापरस्त लोग ही बड़े हैवान होते हैं,

क्या हो अगर विश्वास पे पहरा बिठाया जाए तो,
क्या हो अगर राख को फिर से जलाया जाए तो,
'प्रेम' मुख्तलिफ से शौक पाले हैं मेरी सरकार ने,
रंग आवाम का मुख्तलिफ सा दिखाया जाए तो,
शीशे के घरों में रह रहे हो, मुहसिन हुए तो क्या हुआ,
जुर्म की फेहरिस्त में नाम तेरा भी गर आ जाए तो,
मुक्तसर सी जिन्दगी का क्या भरोसा कब तक रहे
मौत बेवफ़ा नहीं है, किसी वक्त भी आ जाए तो,
मुसाफिर बांधकर रख गठरी नेकी वदी की याद से
किसको कब कौन जाने उसका बुलावा आजाए तो,
बेफिक्र चल, मंजिल नहीं है ऐ जिन्दगी का है सफर,
चलते रहो, कब किसी, मोड़ पर मुकां आ जाए तो

चन्द लम्हे भी जिन्दगी तेरी अल्फाते बेकरां होते,
आज जो है तेरी मेहरबानी, वरना हम कहां होते,
कोई गिला, कोई शिकवा नहीं रहा मुझसे तुमसे,
कौन जाने, कहां, हम किसके दामने कहकशां होते,
कौन जाने ऐ होता तो, वो होता, सोचकर गुजर गई,
कारवां चला तो, चले कौन जाने किसके दरमियां होते,
यहां सकून की सांसें नहीं मयसर कहां जाया जाए,
जहां गमे-जहां से मुखातिब मेरे ग़मे-जानां होते,
कोई तो शाम हो जिसमें मैं रहूँ अपने वजूद के साथ,
सुर्ख रौशनी होती, मैं, मेरा सरमाया आ़रिजे-ताबां
होते,
इरादे भी है, आरज़ू भी है, इंकलाब भी आएगा जरूर,
चलने वाले दिल में भरे कई सैलाब, कई तूफां होते,

अल्फाते बेकरां .....अपार कृपा, मेहरबानी
दामने-कहकशां....आकाश गंगा के दामन
आरिजे-ताबां..चमकते हुए गाल, अर्थात मुखाकर्षण

किरदार कोई हो तो, हो गाजियों की तरह हो,
मशविरे किए जाएं, तो साजिशों की तरह हो,
अकेले ही पसर जाओ दिलों दिमाग में रकीब के,
क्या किजिए जो झुंड भी बुजदिलों की तरह हो,
कदर ना हो जिस महफ़िल में ना जाईए कभी भी,
दरबारी क्यों बने वहां जहां मुफ़लिसों की तरह हो,
उस शख्स से मिलकर भला किसका भला होगा,
जिसका हर इक करम बस कातिलों की तरह हो,
'प्रेम' जिन्दगी तो फनह कर उस अजिज के लिए,
मुहब्बत का मसीहा, जो मुहूसिनों की तरह हो,
जो टूट ही जाएगा उसे क्या हमराज बनाया जाए,
करार बरकारर रहे, जो अटल हौसलों की तरह हो

गतियों ..... बहादुर, विजेताओं
मुफ़लिसी .....कंगाली, गरीबी
मुहूसिनों ...... परोपकारी
इटली मिलान,
से कुछ खूबसूरत पल, चित्र

सितम ही करना था, कुछ तो भरम रखते,
इस तरह ना दीवार पे अहले करम लिखते,
हम सब जानतें हैं रहबर तेरी रहबरी के किस्से,
मेहरबानियों को तो ना मेरा सितम लिखते,
क्या जरूरी था तबसरा सुनाते फिरते हो तुम,
दुनिया से दूर तो अपनी रूदादे-अलम रखते,
अपने थे तो रहबरी का ताज उनको दिया हमने,
तुमसे बेहतर तो हम कोई फ़ैज़ाने-सितम रखते,
लिख रहे हैं अपने दौर के किस्से कहानियां हम,
कुफ्र सुना रहे हैं खुदको, क्या शैखे-हरम लिखते,
खामोशियों ने छिन लिए हक़ सभी रौशनाईयो के,
अंधेरे से क्या गिला करें, कोई दस्ते-करम लिखते,
'प्रेम' भी हाथ में उनके बिका जो खरिददार नहीं थे,
मेरी कथा की शाम का नाम ना शामे-अलम रखते

तबसरा .....खबर, सूचना
रूदादे-अलम,....व्यथा, कथा
फैंजाने-सितम....अत्याचार करने वाला
कुफ्र....गालियां
शैखे-हरम.....धर्म गुरु
दस्ते-करम.....वरदहस्त, कर्म का हाथ
शामे-अलम.....ग़म की संध्या

वक्त की वफ़ा ना, तुम्हारे, ना सितारों के साथ है,
ज़ख्मों को देखो लो, वो सीना-फिगारों के साथ है,
लड़ाई वक्त की भी सरहदों पर लड़ी गई, लेकिन,
दुश्मनी भी अब बची बेज़ुबां हिसारों के साथ है,
नज़र से गुफ्तगू की धड़कनें क्यूं बेकाबू हो गई,
वावस्ता हूँ फजाओ से, वास्ता नजारों के साथ है,
मिलता है कहां कोई हो दिले-अजीज इन दिनों,
बैशाखियों के दम चलना, उठते सहारो के साथ है,
कोई है जो छुप-छुपाकर चलता है ऐ सारा जहान,
हिलता है शज़र का पत्ता किसी इशारों के साथ है
'प्रेम' मैं खामख्वाह बदनाम हूँ गुलिस्तां के नाम से,
दोस्ती ना फूलों से, ना दुश्मनी खारों के साथ है,

सीना-फिगारों ...... ज़ख्मी दिलों
हिसारों ....परिधि, घेरों, सीमाओं

उस कमजर्फ से जिक्र हमारा ना किया कर,
तिजारत है मुहब्बत से कनारा ना किया कर,
हम आपकी महफ़िल में बुलाए से नहीं आए,
दुनिया की नज़र में है तू इशारा ना किया कर,
ऐ 'मैं' की बीमारी बहुत लाईलाज होती है प्यारे,
हर फ़न की फ़नकारी को हमारा ना किया कर,
इक बार हर किसी से ग़लत हो जाती है कोशिश,
ग़लत है तो वही कोशिश दुबारा ना किया कर,
रहमत भी बरसती है, इबादत भी रंग लाती है,
ज़ुल्म का मर्ज समझता है, ख़ुदारा ना किया कर,
बड़ी मुश्किल से मिलाती है किसी को कायनात,
पर्दा भी ज़रूरी है सबका नज़ारा ना किया कर,

उलफतों मे जायका क्या, दिलों की बात देखते हैं,
वो कह रहे हैं कुछ, चलो उनके जज़्बात देखते हैं,
तमाम उम्र गुजारी, सरकसी की तरह मौला मैंने,
चलो, तेरे रहमों की होती है क्या सौगात देखते हैं,
सुरते हाल बदले, की कवायत से बना था कारवां,
कितनी बदली तस्वीर, की ताज़ा हालात देखते हैं,
ज़बाब उनके मुताबिक नहीं सुनने है हमें उनसे,
सामने खड़े हैं कौन से हम वो सवालात देखते हैं,
हर तरफ क्यूं है उदासी के सब्जबागों ही बस,
'प्रेम' क्यों नहीं शादाबियों की हम बारात देखते हैं,
इन्हीं दिनों के लिए हमने स्वपन सजाए थे क्या,
सर्द में गर्मी, ना गर्मी में ठंड, ना बरसात देखते हैं,

बहुत दिनों से किसी के शूकूने-दर्द की तलाश हूँ,
रकीबों तुम कुछ ना करो, मैं अपनों के आस-पास हूँ,
जबर भी एक तरिके की दवा होती है सर उठाने को,
जितना कुचला गया मुझे, मैं उतना निखरा पलास हूँ,
जहर भी कीमती होता है ,कहां मिलता है हरसूं 'प्रेम'
मय को होंठों से मिलाता है मैं वो नशा, वो गिलास हूँ,
लोग कहते हैं मेरी शख्शियत को कौन पहचान सका,
वो रोज जो नया लगाते है मैं वही इक नया कयास हूँ,
मुकतसर सी सही है मेरी परवानगी की लै मुख्तलिफ,
मुमकिन ना सही, मुसलसल मैं रोज इक प्रयास हूँ,
बेच देना एक दिन, लिख रहा हूँ दिल से दिल के ख्वाब,
ठोकरों से मिलता रहा हूँ अज़ीज़ हूँ जख्मों का खाश हूँ,

चलते रहना जिन्दगी का नाम है,
रूक गए तो जिन्दगी अभिराम है,
आदमी की जात है थम जाएगी,
सांस चलने तक ही तेरी शाम है,
रूक, कभी सांसों का भी रख हिसाब,
गिनती की है, तुझको हर पल काम है,
बह रहा क्यूं, हर धड़ी भावों के साथ,
ठहर जा, हर मुसाफिर यहां गुमनाम है,
मशालें ले के चलने में भी दुनिया पूछेगी,
इंकलाबी यहां हर दौर में हुआ बदनाम है,
दौलत कहां काम आई है किसी को कभी,
उस जहां में जाओगे तो नेकियों का नाम है,
सब कुछ लुटा कर के समझा हर शै यहां,
लेने वाले से देने वाले को यहां आराम है,
कुछ ख्वाहिशें, कुछ तमन्नाएँ साथ ही ले जाएंगे,

जर, जमीं, के शौक तो सब यही धरे रह जाएंगे,
किसी से क्या गिला, किसको यहां पे क्या मिला,
जाने वाले तो यहां सब कुछ छोड़ कर ही जाएंगे,
आदमी को आदमी का जन्म मुश्किल से है मिला,
क्यों कर्म से हम फिर यहां जानवर कहलाएंगे,
नफरतों से कुछ नहीं हासिल हुआ है आज तक,
'प्रेम' मुहब्बतों के रास्ते गुल प्यार के खिल जाएंगे,
इस जमीं पर है कोई जो मरके लौटा हो यहां,
जाने वाले फिर यहां क्यूं लौटकर के आएंगे,
यादों में बस तेरी उल्फत ही याद रह जाएगी हमें,
नफरतों के दरख़्त इक दिन धूल में मिल जाएंगे,

दिल को समझना कहां आसान काम है,
मुखौटे लगा के मिलना दुनिया का काम है,
लोग पानी पे बना लेते हैं तस्वीरें आजकल,
दिन को रात बताना बांए हाथों का काम है,
हैसियत भी आजकल पैमानों की गुलाम है,
दौलत के तराज़ू में तुलते हैसियत के दाम है,
जुमलों के ज़माने में कौन बिका नहीं यहां पे,
अन्धों की नगरी है सब जुमलों के गुलाम हैं,
बिक रहा है देश का हर गौरव भी शान से,
कहने को अपना बचा बस अब इक मक़ान है,
नई ईस्ट इंडिया कम्पनी का मुल्क पे राज होगा,
सरकारी कहने के लिए बचा कहां कोई नाम है,
गिरफ्त में सभी जल्द आ जाएंगे रफ्ता रफ्ता यहां,
'प्रेम' मुल्क की हालत देख, हाथ किसके लगाम है,
सौदागर भी चालक है कभी सच बोलता नहीं,
आवाम बहरी, अंधी है, उसे कहां दिखती दुकान है,

वक्त बदलेगा, बदल जाएंगी ऐ दलीलें सारी,
हमें भी तो बदले हुए वक्त में बदलना होगा,
किसके भरोसे यूं ही बैठे हो हाथ में हाथ धरे,
मंजिल पानी है तो तूझे घर से निकलना होगा,
उजाले चल के नहीं आएंगे अंधेरे रस्तों पर,
मानिंद सूरज के तूझे दिन रात में जलना होगा,
निखार यूं ही नहीं आएगा गुलिस्तां में कभी भी,
'प्रेम' वक्त की धूप में हर बर्फ को पिघलना होगा,
निस्बतों से ही पिघलती है नफरतों की बरफ,
किसी मसीहा को फिर शहर से गुजरना होगा,
वक्त को वक्त तो लगता है जरा इन्तजार कीजिए,
शिखर को इक रोज़ जंमी पर तो उतरना होगा,

वो जब भी देखते हैं सीना-फ़िगार देखते हैं,
फितरतन शमसीर नहीं उसकी धार देखते हैं,
वो उसको ही मिटा करके मुतमईन हुआ है,
मुहब्बत जिसमें सारे जहां का वो प्यार देखते हैं,
सूलों को बिछाकर वो खुश रहता है सफर में,
वो फूलों में छुपी हुई ऐसी कोई बहार देखते हैं,
वो जिहादे-मुसलसल कभी करता नहीं लेकिन,
ख्वाब में सकूं ढूंढ वो इसी में करार देखते हैं,
नज़र का फ़र्क है, किसे फिर क्या नजर आया,
वो हर नाज़नीन को बस मर्दानावार देखते हैं,
कोई शक्ल, कोई हैसियत, कोई रसूक देखता है,
गज़ब की नज़र हो तो वो बस वकार देखते हैं,

सीना-फ़िगार..... ज़ख्मी सीना
जिहादे -मुसलसल ... निरन्तर संघर्ष
मर्दानावार ......मर्दों की तरह या बहादूरी से

चलते-चलते कभी थक ना जाना,
टूटकर भी है मंजिल को पाना,
पथ कहां कोई भी आसान कब होते हैं,
सरल रस्तों से पुरे कहां अरमान होते हैं,
चलो,मत सोच की पथ कितना कठिन है,
सोच,तू अलग है सबसे, तेरा रस्ता जटिल है,
अन्त से आगे भी, इक नई चुनौती है प्यारे,
जीत सकता है तू, मन में गर ऐसी ठनी है,
शरीर का थकना सम्भव, तूझे रूकना नहीं है,
मौसम बदलने दे, तूझको कभी झूकना नहीं है,
तपते सोने को चमक ज्यादा मिलेगी,
कोडियो के मोल कभी बिकना नहीं है,
रात भी आएगी सफर में चलते-चलते,
सुबह होने तक तूझे अंधेरे से डरना नहीं है,

क्या बताऊं, कैसे लौटा हूँ मैं उसके आस्तां से..
दिल की कहना मुश्किल है बहुत उस बेज़ुबां से..
वो मुझे चाहे ना चाहे, मुझे परवाह कब है इसकी..
मुझे बख्श दे वो, बस अपनी अल्ताफे बेकरां से..
यहां दर्दे-जीस्त का फ़र्क किस को पता है 'प्रेम'..
ग़मे-जांना का दर्द मुख्तलिफ नहीं दर्दे ग़मे-जहां से
मुनासिब नहीं की कोई दर्द भी गैरों से मिले हमें..
रहबर हैं ना मेहरबां मिले हुए हमें कहां -कहां से..
फ़राजे-नाज तक भी ग़मों की मेहरबानियां रही..
शूकून को गुजारने नहीं दिया मेरे दरमीयां से..

आस्तां....,चौखट
अलताफ़े -बेकरां....अपार कृपा,मेहरबानी
दर्दे -जीस्त...जीवन का दर्द
ग़मे -जहां... दुनिया का दर्द
ग़मे -जानां.....प्रिय का दर्द
फ़राजे -नाज.... गर्व की ऊंचाईया

हर घड़ी, हर जगह, हर कर्म में किरदार ढूंढता हूँ,
हर मुश्किल, लम्हे, हर कहानी में सरदार ढूंढता हूँ,
किस मंच से किस बात को कह जाऊं सिखता हूँ,
खुद के वकार में एक जुर्अते-फ़नकार ढूंढता हूँ,
'प्रेम' सुर्खियां भी आजकल सरेआम हो चली है,
लाज़ बचाए किस तरह से अपना वकार ढूंढता हूँ,
कद्रदानों से बचके रहिए, हुनर बहुत लाईलाज है,
खुले-खुले दिलों में मैं इक छुपी दीवार ढूंढता हूँ,
सुख़नवरों के शौक, ग़ज़ल नज्मों से बार होते हैं,
मैं शख्त बयानबाजी में कोई तलवार ढूंढता हूँ,
जुर्अते फ़नकार...कलाकार का साहस

सम्भल कर रहो, ऊंची पायदान पे हो तो क्या,
एहतिमाम रखो, किसी गुमान मे हो तो क्या,
कोई किसी का नहीं जहां में सब मतलब है,
वक्त बदल देगा हैसियत, आसमान पे हो क्या,
राख बताती है हस्ती की हैसियत कितनी थी,
जरा आईना देख के बतला तो इमान में हो क्या,
खुद से आगे निकल, खुदगर्जी की हद होती है,
झांक जरा आस्तीन में तो, सच्चा इंसान हो क्या,
बेच रहा है कोई तेरे अरमानों के ख्वाबों का ताज,
ज़मीर जगा, आवाज़ उठा, मुर्दा बेजान है क्या,
कुर्बानी भी जीने के लिए देनी पड़ती है 'प्रेम' यहां,
मरना सरल है, पर जीना यहां पर आसान है क्या,

पायदान .....ऊंचा मुकाम
एहतिमाम .... व्यवस्था, प्रबंध

नजर फिर किसी रहज़न से मिल गई होगी,
जिन्दगी मुहताज़ फिर दुश्मन की नहीं रही होगी,
मुख्लिसों के चेहरे भी अजीब से नजर आने लगे,
राहगीरी संग जाने कितनी उलझनें भी रही होगी,
बिजली ने गिरने की जगह उसको ही क्यूं चुना,
जरूर कुछ कमी उसके नशेमन में भी रही होगी,
महफ़िल की सुर्खियां वो चुरा कर के लेगा कैसे,
कुछ खाश बात उसके अह्ले-फन में भी रही होगी,
तूझे नूर समझ कर ज़माना नवाजा जा रहा है 'प्रेम'
कोई अदा, कोई वजह तेरे सुख़न में भी रही होगी,

मुख्लिसों ..... निष्कपट, निस्वार्थ
नशेमन......... घर
अह्ले-फन.... कलाकार
सुख़न .... काव्य मे

रफ्ता-रफ्ता हम भी अपने गुनाहगार हो रहे हैं,
वो बेच रहा है हमको, हम उसमें शुमार हो रहे हैं,
तिलिस्म टूट जाएगा निज़ामे-बातिल का यूं ही जल्दी,
हम क्यूं खामाखां डूबती कस्ती में सवार हो रहे हैं,
वादा खिलाफी का दौर है, तसव्वुर बेचे जा रहे हैं,
हम होश खो कर, अनजाने में इश्तिहार हो रहे हैं,
यकबायक हमसे हम मैं के फ़िक्रमद होने लगे हैं,
मुहब्बत की महफिलों से हम कारोबार हो रहे हैं,
जागने का वक्त आ गया, नई सुबह होने वाली है,
सम्भल, तलब बढ़ाओ, जब्र हर हूँ बेशुमार हो रहे हैं,

निज़ामे -बातिल-झूठ पर आधारित व्यवस्था
तसव्वुर ...... कल्पनाएं